Wolfgang Gückelhorn

Archäologie des II. Weltkrieges am Mittelrhein

Bodendenkmäler, Bauten und Ruinen erinnern

Teil I

Helios

Warum militärische Zeitgeschichte?

Militärische Zeitgeschichte ist als Teil der allgemeinen Geschichte insoweit immer auch Gesellschaftsgeschichte, als sie alle sozialen Schichten einer staatsorientierten Nation umgreift. Sie kann sich also nicht auf die Darstellung militärtechnischer Vorgänge in ihren taktischen und strategischen Zusammenhängen und Einzelheiten beschränken oder gar darin erschöpfen. Moderne Streitkräfte erweisen sich mehr denn je als Instrumente der politischen Führung.

Soweit militärische Zeitgeschichte sich auf die deutsche Wehrmacht des sogenannten Dritten Reiches bezieht, bedarf es insbesondere einer kritischen Interpretation der **nationalsozialistischen totalitären Gewaltherrschaft** in ihrem Zugriff auf das „Volk in Waffen". Die Doppelrolle von Soldaten als „Opfer" und „Täter" muß dabei nüchtern in den Blick genommen werden, aber auch die Verzahnung von Wehrmacht und nationalsozialistischer Herrschaft. Die **Ablehnung einer wie auch immer strukturierten Verherrlichung des NS-Regimes** ist Konsens der Verlagsarbeit. Darüberhinaus orientiert sich der Helios-Verlag an der von Leopold von Ranke formulierten Prämisse, wonach der Historiker die Aufgabe habe, historische Vorgänge und Abläufe zu erklären, „wie es gewesen" ist. Die Komplexität der Themenstellungen schließt für den Helios-Verlag auch die engagierte Thematisierung der **Vernichtung jüdischer Kultur und jüdischen Lebens aber auch anderer Minderheiten im NS-Regime mit ein**.

„Kritische Objektivität" bedeutet in diesem Zusammenhang, ein differenziertes Bild der militärischen Massengesellschaft unter Einbeziehung ereignis-, politik-, organisations- und strukturgeschichtlichen Überlegungen aufzuzeigen.

Bilder der Titelseite:
Die Türme der ehemaligen Ludendorffbrücke unterhalb der Erpeler Lei am Rhein
Tor zu einem gesprengten Munitionshaus am Feldflugplatz Lippe / Ww.
Betonierte Ringbettung für 8,8 cm Flak in LVZ-Stellung Schmidtheim / Eifel
Eine entschärfte 2000 lbs GP-Sprengbombe wird vom Kampfmittelräumdienst verladen
Amerikanische Karte 1:50.000 von 1944 zeigt deutschem Feldflugplatz Ailertchen / Ww.
MG-Scharte des Bunker Nr. 131, Regelbautyp 10, im „Buhlert" / Westwall
Der Ehrenfriedhof bei Bad Bodendorf
Amerikanisches Luftfoto des deutschen Flugplatzes Ollheim / Straßfeld
Infanteriegräben der „Erftstellung" bei Heimerzheim

Impressum

**Helios Verlags- und Buchvertriebsgesellschaft
Postfach 39 01 12, 52039 Aachen
Tel.: (02 41) 55 54 26; Fax: (02 41) 55 84 93
eMail: Helios-Verlag@t-online.de
www.helios-verlag.de
Bitte fordern Sie beim Verlag aktuelle Informationen zu lieferbaren Titeln an.**

Printed in Serbia

ISBN 978-3-938208-58-8

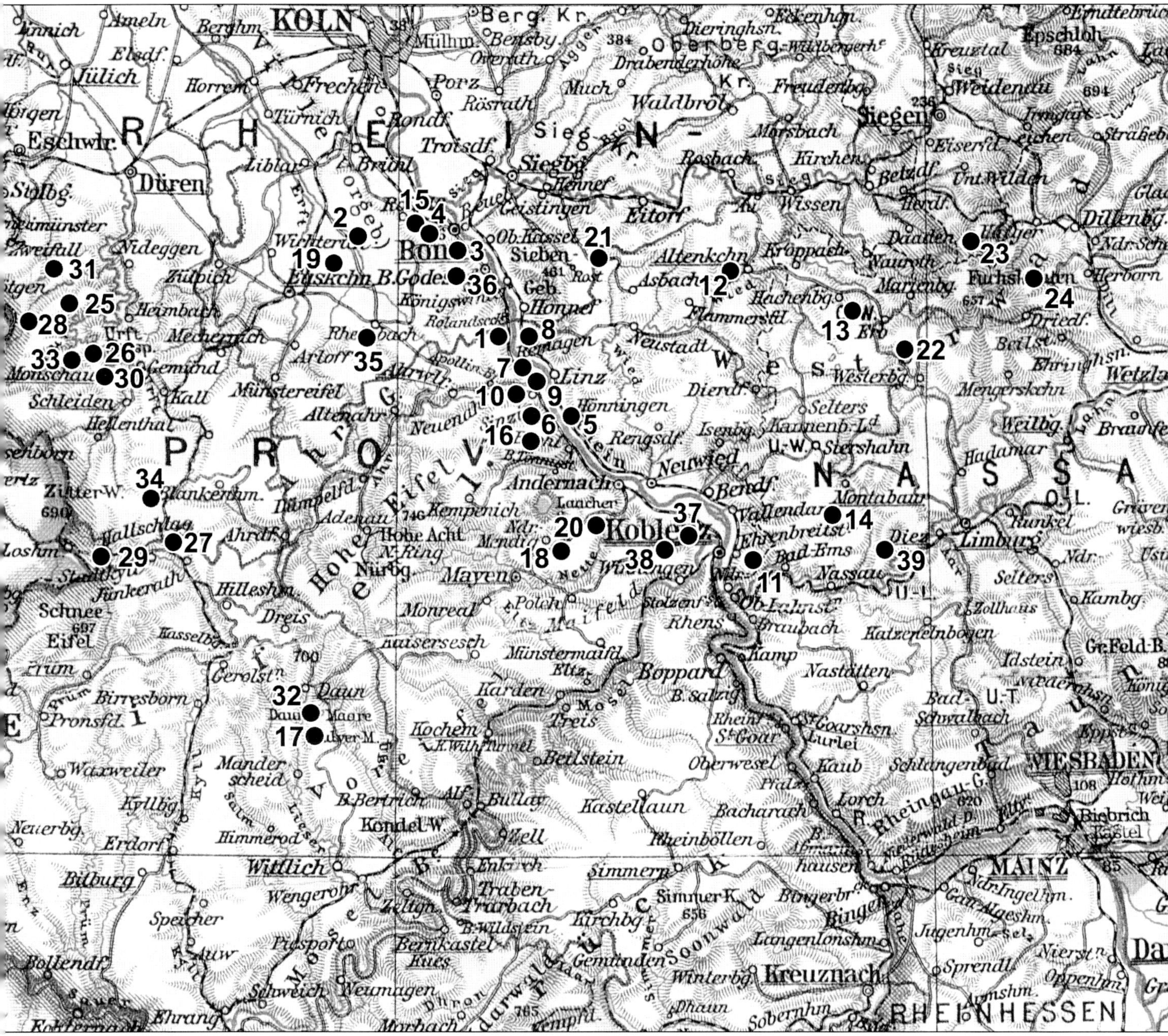

Die Übersichtskarte zeigt die in dieser Dokumentation beschriebenen Bodendenkmäler, Bauten und Ruinen.

Nr.	Ort	Seite	Nr.	Ort	Seite	Nr.	Ort	Seite
1	Oberwinter, Unkelbach	11	14	Niederelbert	54	27	Dahlem	90
2	Heimerzheim	18	15	Bornheim/Sechtem	56	28	Lammersdorf	93
3	Bonn	20	16	Mönchsheide/N.-Breisig	60	29	Ormont	93
4	Alfter	22	17	Birkenhöhe/Eckfeld	62	30	Wollseifen	94
5	Hönningen	23	18	Niedermendig	63	31	Peterberg/Raffelsbrand	95
6	Sinzig/Niederbreisig	25	19	Ollheim/Straßfeld	65	32	Brockscheid	99
7	Remagen	26, 48	20	Kruft	69	33	Vogelsang	102
8	Unkel	42	21	Eudenbach	71	34	Dahlem/Schmidtheim	104
9	Goldene Meile	43	22	Ailertchen	74	35	Rheinbach	106
10	Bodendorf	47	23	Lippe/Siegerland	76	36	Villiprott	109
11	Koblenz	49	24	Breitscheid	80	37	Bubenheim	111
12	Altenkirchen	53	25	Steckenborn	87	38	Rübenach	113
13	Alpenrod	53	26	Urfttalsperre	89	39	Holzappel	114

Inhalt

Archive, Literatur und Bildquellen für beide Teilbände

Abbildungen ohne Quellenangaben sind vom Autor

Bundesarchiv-Militärarchiv (BA-MA), Wiesentalstraße 10, 79115 Freiburg i.B.

Deutsches Museum - Bildstelle, Museumsinsel 1, 80538 München

Landesamt für Vermessung und Geobasisinformation (LVG), Ferdinand-Sauerbruch-Straße 15, 56073 Koblenz. Nutzungsrecht Geobasisinformationen (TK 25) © Landesamt für Vermessung und Geobasisinformation Rheinland-Pfalz vom 16.05.2007, Az.: 26722-1..401

Landesvermessungsamt Nordrhein-Westfalen (LVA), Muffendorfer Straße 19-21, 53117 Bonn; Nutzungsgenehmigung vom 29.08.2007, Az.: S3.2-1895/2007

Stadtarchiv und Wissenschaftliche Stadtbibliothek, Stadthaus, Berliner Platz 2, 53111 Bonn

Stadtarchiv Koblenz, Alte Burg, Burgstraße 1, 56068 Koblenz

The National Archives at College Park, 8601 Adelphi Road, College Park, Maryland 20740-6001, USA

ullstein bild, Axel-Springer-Straße 65, 10888 Berlin

Dokumentationen:

Bratge, Willi/Michler, Manfred: So war es wirklich im Brückenkopf Remagen, Köln, o.J.

Fuhr, Wilbert: Der Einsatz(flug)hafen Eudenbach, 1998

Groß, Manfred: Der Westwall zwischen Niederrhein und Schnee-Eifel, Köln 1992

Groß, Manfred: Bunkerstellungen der Luftverteidigungszone West im Rheinland, 2001

Gückelhorn, Wolfgang: Lager Rebstock, Aachen 2002

Gückelhorn, Wolfgang/Paul, Detlev: V 1 Eifelschreck, Aachen, 2004

Gückelhorn, Wolfgang: Das Ende am Rhein, Aachen, 2005

Gückelhorn, Wolfgang/Paul, Detlev: V 2 Gefrorenen Blitze, Aachen, 2007

Hucke, Hermann-Josef: Niederelbert, Texte und Bilder im Spiegel der Zeit, Niederelbert, 1995

Peters, Wolfgang, Dr.: Remagen in alten Ansichten, Erfurt, 2004

Schnatz, Helmut, Dr.: Der Luftkrieg im Raum Koblenz 1944/45, Boppard am Rhein, 1981

Siebengebirgsmuseum: Kriegsende im Siebengebirge, Siegburg, 1995

* * *

„Ich glaube, dass der Krieg die Menschheit erniedrigt und dass jeder Krieg im Sieger wie im Besiegten die niedrigsten Instinkte hervorruft. Kriege sind der Menschheit unwürdig.“

Konrad Adenauer

„Ein Volk muss bereit sein, nüchtern auf seine Geschichte zu blicken. Denn nur wer sich daran erinnert, was gestern gewesen ist, erkennt auch, was heute ist und vermag zu überschauen, was morgen sein kann.“

Willy Brandt

„Ein Volk, das seine Vergangenheit nicht kennt, kommt leicht in der Gegenwart ins Stolpern.“

Richard von Weizäcker

Der Krieg! Wenn man ihn, wie ich, aus der Nähe gesehen hat, kann nur tiefe Abscheu vor ihm haben. Er ist die schlimmste Geißel der Menschheit, und an sich muss man alles tun, um ihn zu vermeiden.

Helmut von Moltke

Die Soldatengräber sind die großen Prediger des Friedens, und ihre Bedeutung als solche wird immer zunehmen.

Albert Schweitzer

Da Kriege in den Seelen der Menschen ihren Ursprung haben, muss auch die Verteidigung des Friedens in der Seele des Menschen entstehen.

Präambel der UNESCO

„Wer aber vor der Vergangenheit die Augen verschließt, wird blind für die Gegenwart.“

Richard von Weizäcker

Vorwort

Die Region an Mittelrhein und Mosel gehört zu den ältesten Kulturlandschaften im westlichen Mitteleuropa. Jede Epoche der Menschheitsgeschichte hat darin ihre jeweils charakteristischen Merkmale im Gelände hinterlassen, die zum großen Teil heute noch erkennbar sind. Schon seit den ältesten Zeiten hat der Mensch seine Umgebung durch seine Tätigkeit, sein Arbeiten, Wohnen, Werken und wirtschaftliches Handeln geprägt, was im Wesentlichen der Erleichterung seiner jeweiligen Lebensverhältnisse und der Verbesserung seiner Überlebenschancen diente. Die Spuren dieser Tätigkeit finden sich überall in unserer Landschaft und lassen sich nach den jeweiligen Arbeitskriterien und wirtschaftlichen Zielsetzungen auch in der zeitlichen Einordnung deutlich unterscheiden. So gibt es in einer Kulturlandschaft für jede Epoche die entsprechenden charakteristischen und typischen Merkmale, die in der gesamten Mittelgebirgsregion nicht nur zu beiden Seiten des Rheines ausgeprägt sind.

Alle archäologischen Kulturmerkmale lassen Rückschlüsse zu, auf die Aktivität des Menschen in seiner jeweiligen Zeit. So gewinnen gerade die „neuzeitlichen" Bodenmerkmale in letzter Zeit in der archäologischen Denkmalpflege an Bedeutung. Nicht nur die Abbauspuren der Bodenschatzgewinnung, seien es Edelmetalle, Eisenerze, Sand-, Kalk- und Tuffstein- oder Basaltsteinbrüche, sondern auch Mühlengräben, Wildbanngrenzen, Landwehren und schließlich auch Schleusen und Wasserbauten in den Flusstälern, nehmen in einer modernen Bodendenkmalpflege zunehmend einen wesentlich größeren Raum ein, als dies noch vor einigen Jahren dieser „neuzeitlichen Denkmälergattungen" zugestanden wurde.

Gerade in jüngster Zeit haben somit auch die Spuren der Kampfhandlungen nicht nur der letzten Kriegsjahre besonders im Schiefergebirge zu beiden Seiten des Rheines neue Diskussionen ausgelöst. Seien es die Spuren des so genannten „Westwalls" in der Eifel, von Basel bis zum Niederrhein, oder die Vielzahl der Soldatengräber in unserer Mittelgebirgslandschaft oder der Verlauf von Schützengräben, Panzersperren, Geschütz- oder Flakstellungen im Gelände, die sich noch deutlich abzeichnen und in Verbindung mit den so genannten historischen „Schanzen" und „Landwehren" der verschiedenen Kriegs- und Heereszüge, die über die Eifel und den Hunsrück hinweg gezogen sind, als Bodendenkmäler unterschiedlicher Zeitstellung in der Landschaft liegen und immer wieder mit Nachdruck zum Frieden unter den Völkern mahnen.

Hier reihen sich auch besondere Relikte aus den Jahren des 2. Weltkriegs in unseren Mittelgebirgslandschaften ein. Es sind die Abschussrampen und Startplätze der Raketenversuchseinrichtungen der V1 und V2. Wolfgang Gückelhorn ist es zu danken, dass aufgrund der bestehenden Quellenlage, der schriftlichen und fotografischen Dokumentation sowie durch intensive Feldbegehung und Studien in Archiven und im Gelände diese Stationen kartografisch erfasst und fotografisch dokumentiert wurden. In einer eingehenden Studie legt er mit dieser besonderen Gattung der Bodenmerkmale der Zerstörung auch eine Denkmalgruppe vor, die für die Anfänge der Raketentechnik und ihrer Erprobungseinrichtungen steht, die in ihrer Weiterentwicklung zur „Weltraumfahrt" beigetragen haben.

Zweifelsohne gehört diese Form der Geländemerkmale in unserer Mittelgebirgslandschaft auch zu den Zeugnissen des geistigen, handwerklichen und technischen Wirkens des Menschen und sind damit kennzeichnende Merkmale der Gemeinden und Städte in ihrer Kulturlandschaft. Im Zusammenhang mit den historischen Schanzen, Landwehren und Ringwällen geben auch sie deutlich Zeugnis für Auseinandersetzungen der Menschen untereinander je nach Intensität der Kampfhandlung und Entwicklung der Technik. So wurden auch die Relikte des 2. Weltkrieges überall in unserer Landschaft und unseren Wäldern zunehmend Bestandteil wissenschaftlicher Forschung und fördern bei der Bevölkerung deutlich erkennbar das geschichtliche Bewusstsein und tragen so zur Heimatverbundenheit sowie zur Belebung und Werterhöhung der Umwelt bei. Daher nehmen diese Denkmäler in der gesetzlichen Anwendung und somit auch in Literatur und Öffentlichkeit einen breiteren Raum ein. Möge dieses Buch das Augenmerk der Bewohner auch auf diese Art der „archäologischen Denkmäler" richten und insgesamt der Erhaltung unserer Kulturlandschaft mehr Nachdruck verleihen. In diesem Sinne danken wir dem Autor und allen, die an diesem Werk mitgearbeitet haben, sehr herzlich für diese Dokumentation und wünschen dem Buch viele Interessenten und einen großen Leserkreis.

Dr. Hans-Helmut Wegner
Generaldirektion Kulturelles Erbe
Direktion Archäologie – Außenstelle Koblenz

Hauptfundament einer V1-Abschußrampe bei Brockscheid/Eifel

Der ehemalige Trotzenbergtunnel bei Marienthal/Ahr.

Kampfspuren an der Westfassade des ehemaligen Koblenzer Schlachthofes

Luftschutzhochbunker in der Bonner Karlstraße

Luftschutzbunker am Koblenzer Marienhof-Krankenhaus mit moderner Fassade.

Bergung einer amerikanischen 500 lbs GP-Sprengbombe an der B 8 bei Kircheib im Westerwald

Teil II des Buches erscheint 2008 mit folgenden Themen:
Feuerstellungen für die „Vergeltungswaffen V 1, V 2 und V 3 • Untertagerüstungsbetriebe an Rhein, Ahr und Mosel • Luftschutzbunker in Bonn und Koblenz und andere Luftschutzeinrichtungen • Militärische Hauptquartiere, Kasernen und Übungsplätze • Bodenfunde und Kampfspuren

Infanteriestellungen

Die erfolgreichen Angriffs- und Eroberungsfeldzüge des Deutschen Reiches waren 1943 durch die Niederlagen in Stalingrad und Nordafrika ins Gegenteil gewandelt worden. Die Wehrmacht wurde fortan zu Lande, zu Wasser und in der Luft und auf allen Kriegschauplätzen in die Defensive gezwungen.

Der Sommer 1944 brachte an der Ostfront den Zusammenbruch der Heeresgruppe Mitte. Im Westen entstand durch die Landung der Westalliierten die gefürchtete zweite Hauptfront. Die verlorene Entscheidungsschlacht bei Argentan/Falaise führte zu einem fluchtartigen Rückzug, durch den die Divisionen der 1. US-Armee bereits Anfang September 1944 nördlich von Trier und bei Aachen am Westwall standen. Ohne große Anstrengungen wurde diese hochgelobte Verteidigungslinie von den Amerikanern durchstoßen. Der südliche Durchbruch konnte von deutschen Verbänden zurückgeschlagen werden, aber im Norden gelang der 1. US-Armee bereits im Oktober mit Aachen die Einnahme der ersten deutschen Stadt .

Daraufhin aktivierte die Wehrmacht ihre letzten Reserven, um die Angreifer am Westwall zu stoppen. Auch die Gauleiter mobilisierten Teile der Bevölkerung, um im Westwall und dahinter zusätzliche Verteidigungslinien bauen zu lassen.

Die im September erwiesene Verletzlichkeit dieser an sich veralteten Bunkerlinie zeigte den Verantwortlichen von Wehrmacht und Partei die Notwendigkeit, zusätzliche Anstrengungen für die Verteidigung des Heimatbodens unternehmen zu müssen.

Zu diesem Zeitpunkt waren die Kräfte der deutschen Divisionen für eine bewegliche Verteidigung – mobile und gepanzerte Verbände – so stark dezimiert, dass sie weitab von der Front personell aufgefrischt und materiell neu ausgerüstet werden mussten. In den Monaten September bis November war die Bunkerlinie des Westwalls vorwiegend von drittklassigen Einheiten besetzt, die einem entschlossenen Angriff nicht gewachsen gewesen wären.

Zum Glück für die Deutschen startete Feldmarschall Montgomery mit seiner 21. Heeresgruppe im Norden die kombinierte Panzer- und Luftlandeoperation „Market Garden“. Diese wurde für die britischen und polnischen Luftlandekräfte zum Fiasko, weil sie ausgerechnet dort landeten, wo sich zwei SS-Panzerdivisionen auffrischten. Die Amerikaner versuchten durch den Hürtgenwald in die Kölner Bucht vorzustoßen, wurden aber in diesem ungünstigen Waldgelände in sehr verlustreichen Kämpfen festgehalten. Darüber hinaus kam Ende September 1944 der Nachschub nicht mehr in der benötigten Menge an die alliierte Front. Von den französischen Atlantikhäfen war es mittlerweile sehr weit bis zur Front an Deutschlands Grenzen. Der leistungsstarke Hafen von Antwerpen war zwar befreit, die Scheldemündung

Zivilisten schanzen Infanteriegräben unter Aufsicht von Parteifunktionären

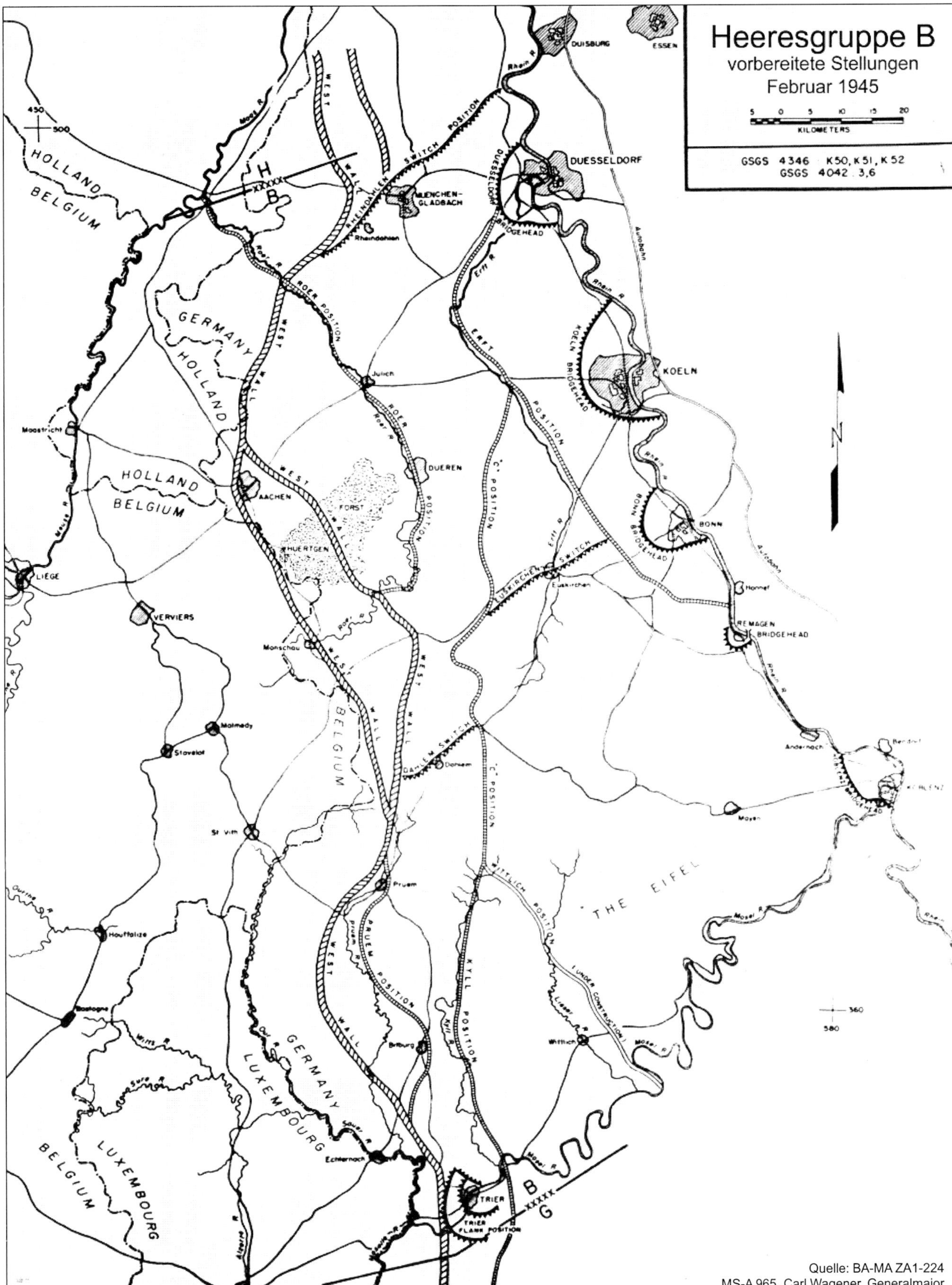

Quelle: BA-MA ZA1-224
MS-A 965, Carl Wagener, Generalmajor

auf dem Nordufer aber noch von der Wehrmacht gehalten, sodass eine Nutzung noch nicht möglich war.

In dieser Lage wurden in den Westgauen sämtliche menschlichen Kräfte aufgeboten, um hinter dem Westwall zusätzliche Verteidigungslinien zu schanzen: Frauen, alte Männer und Jugendliche beiderlei Geschlechts schanzten meist unter Anleitung von Weltkrieg I-Veteranen Infanteriestellungen und Panzergräben. Im Bereich der Heeresgruppe B und unter dem Kommando der „Reichsverteidigungskommissare“ – den Gauleitern – entstanden zwischen der Linie Roermond und Düsseldorf im Norden und Trier-Koblenz im Süden Hunderte von Kilometer Schützengräben:

- Entlang der Rur/Roer die *Rur-Stellung*
- Zwischen Prüm und Bitburg die *Prüm-Stellung*
- Auf dem Ostufer der Kyll die *Kyll-Stellung*
- Beginnend bei Oberwinter am Rhein nach Nordwest ausholend, entlang des Swistbaches bis nach Weilerswist und dann entlang der Erft bis zu ihrer Mündung in den Rhein bei Neuss, die *Erft-Stellung*
- Zwischen Rheindahlem und dem Rheinbogen südlich von Duisburg der *Rheindahlem-Riegel*
- Beginnend bei Heimerzheim und über Euskirchen bis nach Mechernich der *Euskirchen-Riegel*
- Beginnend bei Mödrath im Norden über Mechernich und Blankenheim bis nach Gerolstein die *„C“-Stellung*
- Von Gerolstein über die Lieser bis nach Ürzig an der Mosel die *Wittlich-Stellung*
- Auf dem Westufer des Rheins rund um Neuss die *Düsseldorf-Brückenkopfstellung*
- Westlich um Köln herum die *Köln-Brückenkopfstellung*
- Westlich von Bonn die *Bonn-Brückenkopfstellung*
- Rundherum um Remagen die *Remagen-Brückenkopfstellung*
- Zwischen Weißenthurm/Rhein und Koblenz-Güls/Mosel die *Koblenz-Brückenkopfstellung*
- Rund um Trier eine *Stadtverteidigung* und vorgelagert eine *Trierer Flankenstellung.*

Darüber hinaus wurde fast jedes Dorf und jedes Städtchen westlich des Rheins zur Verteidigung eingerichtet. An den Zugangsstraßen entstanden MG-Stellungen und Panzersperren, an den Siedlungsrändern Schützen- und Panzergräben. Diese Baumaßnahmen erfolgten ohne Rücksicht auf die Möglichkeit, sie mit Soldaten zu besetzen bzw. zu sichern. Die personellen Reserven des Reiches waren in dieser Kriegsphase bereits so ausgeschöpft, dass ab September 1944 durch „Führererlass“ auch Kinder und Jugendliche zum Waffendienst gezwungen wurden.

Die selben Anstrengungen geschahen im Herbst / Winter 1944 in den benachbarten Verteidigungsbereichen der Heeresgruppen H im Norden und G im Süden.

Heutzutage findet man mit Kenntnis dieser realisierten Pläne noch viele Kilometer der nutzlosen und nur in Ausnahmefällen genutzten Verteidigungsanlagen. Als die Amerikaner angriffen, zog sich die geschlagene Wehrmacht nicht selten widerstandslos zurück. Der aus alten Männern und Hitlerjugend aufgestellte Volkssturm trat meistens nicht an, um noch kurz vor dem Kriegsende das eigene Leben für „Führer, Volk und Vaterland“ zu verlieren.

Zivilisten beim Anlegen eines Panzergrabens. Selbst Dörfer wurden durch Panzergräben und Panzersperren vor feindlichen Angriffen geschützt. Beim Einmarsch der Amerikaner erwiesen sich diese aufwändigen Anlagen jedoch als nutzlos, weil jede Sperre ihre Wirkung nur dann hat, wenn sie durch Infanteriekräfte gesichert wird.
An diesen kampfkräftigen und motivierten Infanteristen fehlte es jedoch im Frühjahr 1945.

Die Erftstellung

Wie bereits bemerkt, waren im rückwärtigen Bereich der Heeresgruppe B mehrere Verteidigungsstellungen errichtet worden. In der Regel lehnten sich diese an Fluss- oder Bachläufe an, um die Sperrwirkung des Gewässers mit einzubeziehen. So auch bei der sogenannten Erftstellung.

Sie begann zwischen Oberwinter und Remagen am Rhein im Südosthang des Birgeler Kopfes. Anschließend liefen die Schützengräben im Unkelbachtal am oberen Nordhang mit Schussrichtung nach Süden. Dort wo die Straße Unkelbach – Oedingen in Serpentinen auf die Hochfläche führt, kreuzte das Grabensystem. Eine zweite Grabenlinie verlief parallel dazu bei Bandorf beginnend südlich am Himbrich-Berg und südlich der Tongrube nach Westen. Die doppelte Sicherungslinie verlief weiter nach Westen, südlich an Arzdorf und Adendorf vorbei, um schließlich nach Nordwest einzuschwenken. Die Grabensysteme hielten sich fortan ostwärts des Swistbaches bis zu dessen Einmündung in die Erft bei Weilerswist. Entlang dieses Flüsschens hielten sich die Verteidigungsstellungen auf seinem Ostufer. Sie waren stellenweise durch Überflutungsflächen, Feuchtwiesen und Minenfelder gesichert. Südlich von Neuss überquerten die Stellungen die Erft und führten westlich um Neuss herum.

Der genaue Verlauf wird auf der Stellungskarte des Pionier-Sonder-Stabes 78 über die fertigen Anlagen des feldmäßigen Ausbaus von Anfang 1945 dokumentiert. Ein identischer, aber lückenhafter Plan liegt von der 1. US-Armee vor, der die Erkenntnisse der alliierten Luftaufklärung bezüglich deutscher Stellungen und Einrichtungen zeigt. Mit dieser Karte waren die Divisionen der 1. Armee ausgestattet, um die feindliche Lage beim Vormarsch berücksichtigen zu können.

Anfang März 1945 spielten diese Stellungen keine Rolle mehr, weil die zurückweichenden Wehrmachtsverbände nicht mehr die Stärke hatten, um darin den amerikanischen Vormarsch stoppen zu können. Es fehlte überall an Infanterie- und Panzerabwehrkräften. Die Versorgungslage mit Verpflegung, Waffen und Munition war so schlecht, dass die deutschen Soldaten nur das Ziel hatten, den Rhein heil zu erreichen, um auf dessen Ostufer besser verteidigen zu können.

In Waldgebieten ist die Erftstellung oft noch erhalten geblieben und zeigt die Sinnlosigkeit der statischen Vertei-

Alte Männer des Volkssturms legen Infanteriestellungen an.

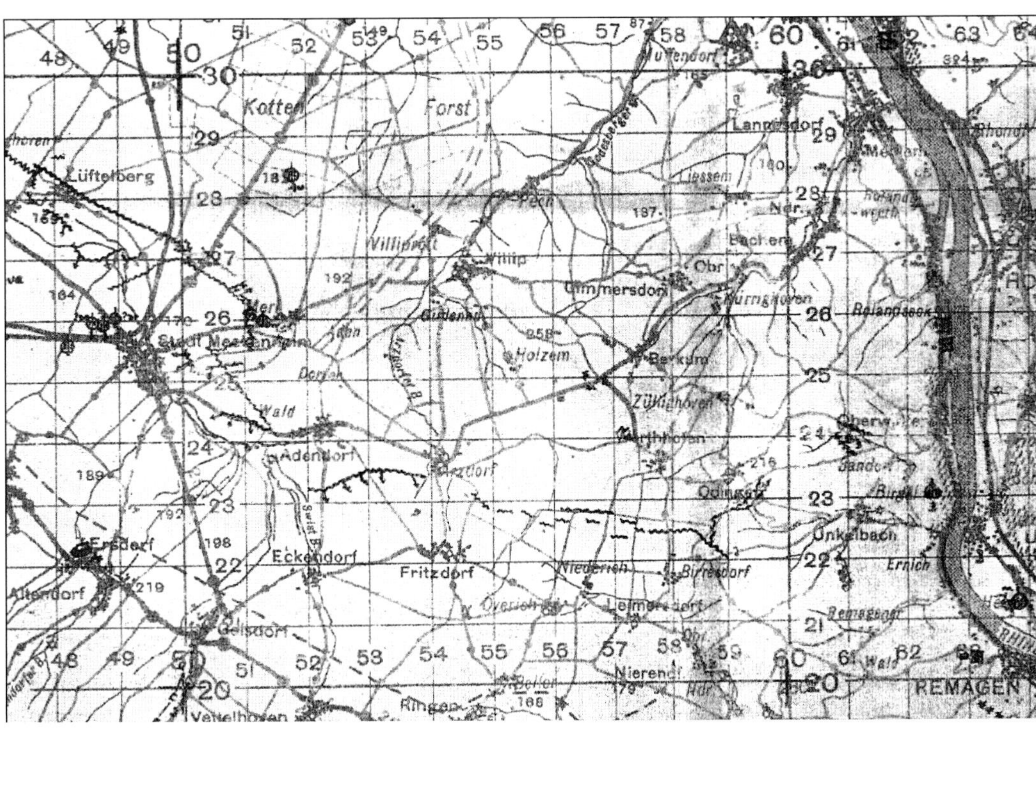

Karte der 1. US-Armee vom südlichen Beginn der Erftstellungen zwischen Oberwinter am Rhein und Lüftelberg, nördlich von Meckenheim. Dieses Dokument zeigt die deutschen Infanteriestellungen, die von der amerikanischen Luftaufklärung erkannt worden sind.

Quelle: Gückelhorn, Das Ende am Rhein, Aachen 2005

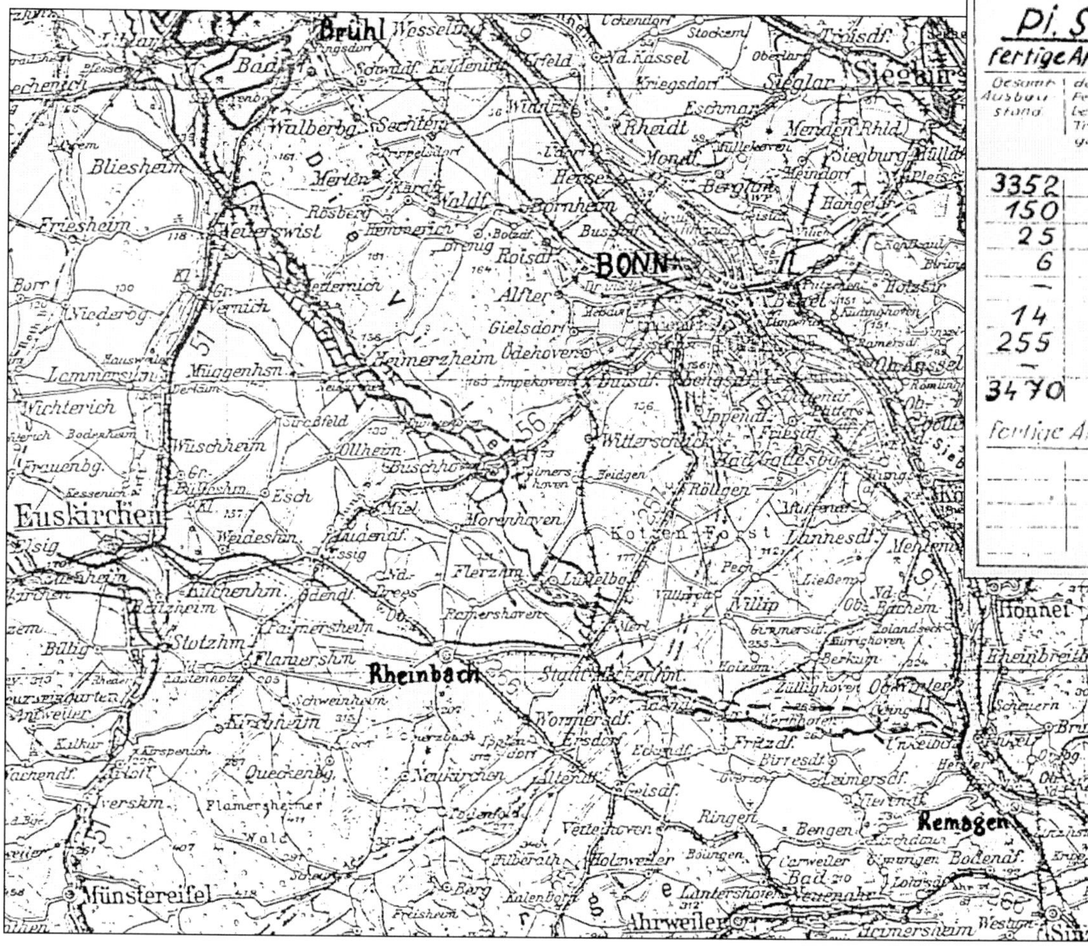

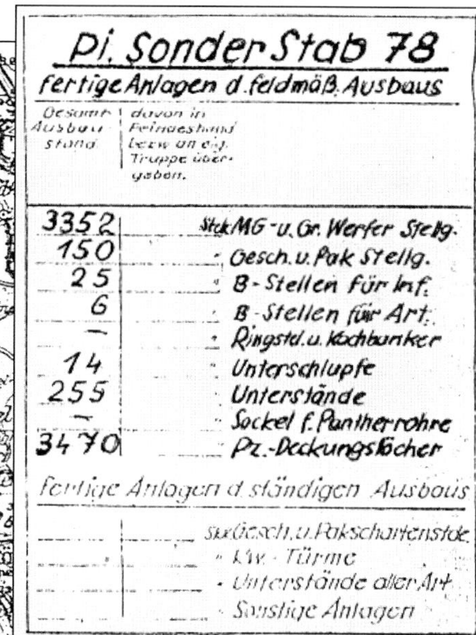

Pi. Sonder Stab 78		
fertige Anlagen d. feldmäß. Ausbaus		
Gesamt-Ausbau-stand	davon in Feindeshand bzw. an eig. Truppe übergeben	
3352		Stck MG- u. Gr. Werfer Stellg.
150		Gesch. u. Pak Stellg.
25		B-Stellen für Inf.
6		B-Stellen für Art.
—		Ringstd. u. Kochbunker
14		Unterschlupfe
255		Unterstände
—		Sockel f. Pantherrohre
3470		Pz.-Deckungslöcher
fertige Anlagen d. ständigen Ausbaus		
		Stck Gesch. u. Pakschartenstde.
		Kw. Türme
		Unterstände aller Art
		Sonstige Anlagen

Deutsche Lagekarte vom Frühjahr 1945, die den südlichen Teil der Erftstellung zwischen Oberwinter und Weilerswist darstellt.
Quelle: BA-MA, Freiburg

digung in der Zeit des modernen Panzerkrieges.

Für diese Schanzarbeiten kamen im Bereich Oberwinter / Unkelbach russische Kriegsgefangene zum Einsatz. Sie waren auf dem Ausflugsdampfer GOETHE der „Köln-Düsseldorfer“ untergebracht, welcher bei Oberwinter am Rhein festgemacht hatte. Am 3. März 1945 griffen amerikanische Jagdbomber mit Bordwaffen das Fahrgastschiff an und versenkten es im Uferbereich. Weil die meisten der Kriegsgefangenen im Arbeitseinsatz waren, verloren „nur“ 20 davon ihr Leben. Sie wurden in Oberwinter beigesetzt. Das zerschossene Schiffswrack wurde 1949 gehoben, instandgesetzt und fährt heutzutage als letzter Raddampfer der KD auf dem Rhein.

Volksstrum und Hitlerjugend schanzen für den Endkampf um die Heimat

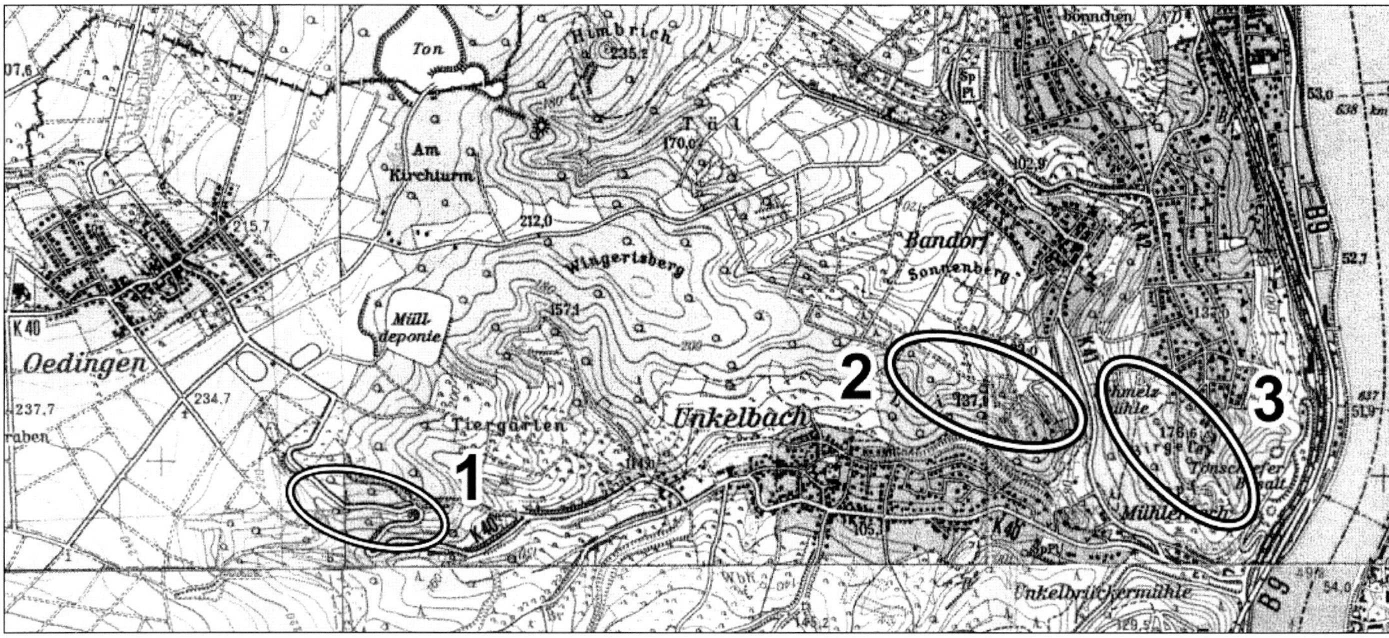

Quelle: LVG

Schützengräben im Bereich der S-Kurve zwischen Unkelbach und Ödingen (Ortsteile von Remagen; Nr. 1 in der Karte)

Weitere Grabenabschnitte im Bereich der S-Kurve. Das Foto rechts unten zeigt im Vordergrund den Hauptgraben mit einem Stichgraben zu einer vorgelagerten MG-Stellung. (Nr. 1 in der Karte)

Karte unten: Amerikanische Karte für die Fronttruppen. Hierin sind die deutschen stellungssysteme zwischen Ödingen und Arzdorf eingetragen. Die markierten Bereiche sind heute noch vorhanden.

Karte unten: Archiv Jakob Weiler

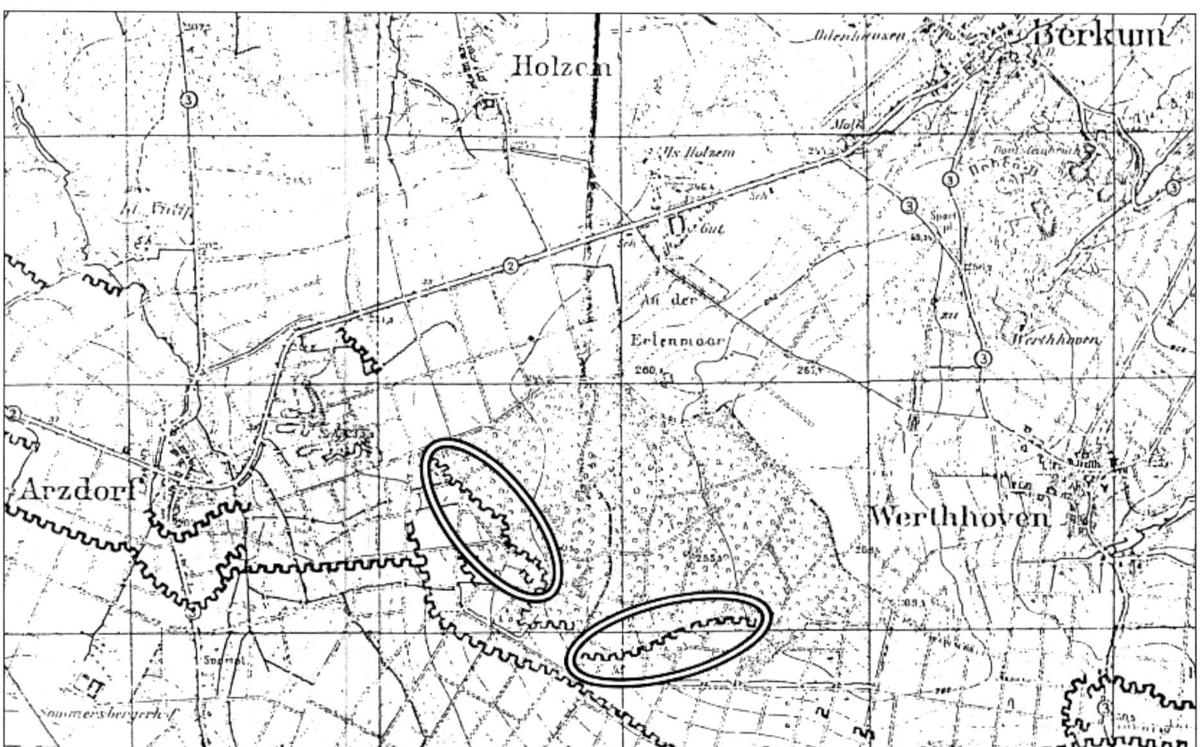

Bericht des Generalleutnant Richard Wirtz zu Stellungen westlich des Rheins

Das Hauptquartier der US Armee in Europa hat nach Kriegsende alle kriegsgefangenen deutschen Generäle veranlasst, Berichte über ihre Tätigkeiten zu schreiben. Darunter war auch Generalleutnant Richard Wirtz, der Höherer Pionierführer in der Heeresgruppe B gewesen ist.

Er schreibt am 14. September 1946 in Generals-Lager Allendorf in einem II. Teil über die Kämpfe im Rheinland vom 25. Januar bis zum 1. April 1945.

Die Historical Division des Headquarters United States Army, Europe führt Wirtz Bericht unter der Nummer B-243 der Foreign Military Studies Branch. Die deutsche Kopie ist im Bundesarchiv - Militärarchiv Freiburg unter der Signatur ZA1/595 archiviert.

Generalleutnant Wirtz schreibt u.a.:

Stellungsbau. Nachdem 5. Panzer und 7. Armee hinter Our und Westwall ausgewichen waren, erwartete die Heeresgruppe die Fortsetzung der amerikanischen Offensive in dem früheren Schwerpunkt aus dem Raum Aachen über die Linie Erkelenz – Düren in allgemeiner Richtung Düsseldorf – Köln. Es kam der Heeresgruppe darauf an, den dort zu erwartenden Stoß in einem tiefgegliederten Stellungssystem abzufangen und ein Aufrollen der Flanken in Riegelstellungen zu verhindern. Den Stellungsbau leitete das Höhere Kommando Eifel, dem Festung – Pionier-Kommandeur XIX mit den Festungs-Pionier-Stäben 13 und 19 unterstellt und auf Zusammenarbeit mit Festungs-Pionier-Stab 21 angewiesen.

[...]

Gefordert wurde von der Heeresgruppe:

- *Vordringlich die Fertigstellung der Erftstellung,*
- *Die Fertigstellung der Panzerabwehrzone in dem Raum Immerath - Rödingen* westlich der Erft.

[...]

Während die Erkundung der Erftstellung und ihr Ausbau schon verhältnismäßig weit gediehen war, waren die Anlagen des Panzerkampffeldes, das die Aufgabe hatte, einen Panzerangriff in dem freien Gelände nördlich der Straße Jülich – Grevenbroich zu zerschlagen, noch sehr im Rückstande.

[...]

Ein Wort über die Ausbaukräfte. Während in der Erftstellung eine Sicherungsdivision, die als Sicherheitsbesatzung bestimmt war und somit an dem Ausbau interessiert war, arbeitete, mussten für die übrigen Stellungen andere Kräfte bereitgestellt werden. Die Reichsführung hatte die Gauleiter beauftragt, mit Volksaufgebot die Wehrmacht im Stellungsbau zu unterstützen und diesen nach den von der Wehrmacht (Höheres Kommando Eifel) gegebenen Weisungen auszuführen. Da ein großer Teil der Betriebe ausgebombt war, wurden ganze Betriebsbelegschaften zur Arbeit herangezogen, aber auch die Zivilbevölkerung der noch bewohnten Ortschaften, Männer und Frauen, mussten mitarbeiten.

[...]

Über diesen Stellungsbau hinaus wurden Orte, die verkehrswichtig lagen, wie z.B. Erkelenz u.a., zu Ortsstützpunkten und Panzersperrlinien, d.h. eine zusammenhängende an günstigen Bachabschnitten liegende Linie von Panzersperren zu sichern, verantwortlich für diesen Ausbau waren die Ortsgruppenleiter. Soweit noch Bevölkerung in den Orten vorhanden war, war aus Weltkriegsteilnehmern Volksaufgebote aufgestellt und an der Panzerfaust ausgebildet worden, mit dem Auftrage, die Sperre gegen überraschenden Feindvorstoß zu verteidigen. Diese Maßnahme hat sich aber kaum erfolgreich erwiesen, weil jede Ortsverteidigung feindlichen Beschuss zur Folge hatte und damit die Zerstörung des eigenen Besitzes der Kämpfer.

Generalleutnant Richard Wirtz General der Pioniere in der Heeresgruppe B (Model), hier als Oberst Quelle: BA-MA Mbg 109/2982

[...]

Abgesehen von hinter der Front liegenden Divisionen, Pionier-Bau-Bataillonen und der Organisation Todt sollte, wie oben schon erwähnt, durch die Gauleiter zugeführtes Volksaufgebot den Ausbau durchführen. Während vom Gau Düsseldorf hinreichend Kräfte zur Verfügung gestellt wurden, war die Arbeitsgestellung des Gaues Köln weniger zufriedenstellend – es wurde zwar immer versprochen, die Kräfte kamen aber nur sehr schleppend – während der Gau Koblenz-Trier am wenigsten Hilfe brachte.

Es hat sich herausgestellt, dass die Bewegung größerer Arbeiterverbände, die keinen inneren Zusammenhalt haben, unter meist für diese Aufgabe weniger geschulten Führern (Betriebsleiter, Parteifunktionäre), dazu noch ohne die erforderlichen Verpflegungseinrichtungen im Gebiet der Eifel auf fast unüberwindliche Schwierigkeiten stieß.

Besonders erschwerend fiel zudem die mangelnde Unterbringung in der Eifel ins Gewicht. So kam es, dass alle Versprechungen der Gauleiter Köln und Koblenz Trier für den Stellungsbau in der Eifel entweder gar nicht oder in einem solch unzureichenden Maße erfüllt wurden, während...

Schließlich ist noch festzustellen, dass der Ausbau einer Rheinstellung, wie mehrfach gefordert, verboten war.

Quelle Text: BA-MA, MS#B 243

Schützengräben am Birgeler Kopf, direkt am Rhein und der Höhe nördlich von Unkelbach
(In der Karte auf Seite 13 die Bereiche 2 und 3)

Der Ausflugsdampfer GOETHE der Köln-Düsseldorfer während der 30er Jahre am Remagener Rheinufer. Im Hintergrund das Felsmassiv der Erpeler Lei. Im Winter 1944/45 diente das Schiff als Unterkunft für russische Kriegsgefangene in Oberwinter.

Foto oben: Hauptgraben mit Abzweig links zu einem MG-Stand

Dieses amerikanische Luftfoto von Ende März 1945 zeigt die GOETHE versenkt am Rheinufer von Oberwinter

Diese Fotos zeigen Grabenabschnitte am Birgeler Kopf südlich von Oberwinter

Die Erftstellung bei Heimerzheim

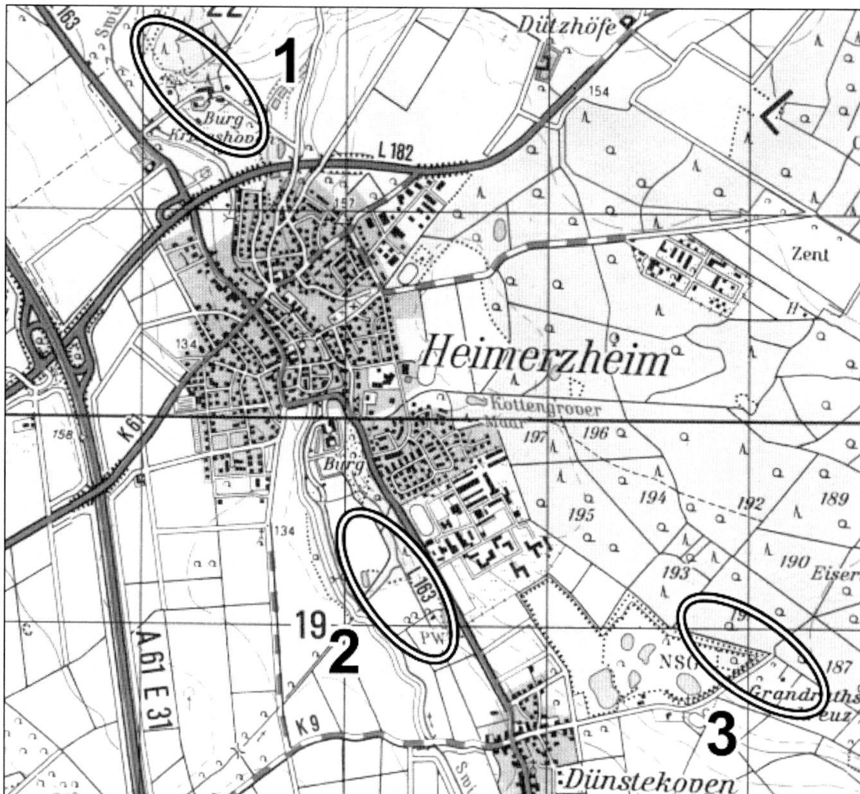

Quelle: LVG

Auch nördlich und südlich von Heimerzheim am Swistbach sind gut erhaltene Infanterie-Stellungen zu finden.

Die Fotos dieser Seite zeigen Gräben der Erftstellung aus dem Bereich 1 nördlich von Heimerzheim

Die Infanteriegräben zwischen der Kaserne der Budnespolizei und dem Swistbach sind sehr gut erhalten. (Bereich 2)

Bilder unten: Die Gräben aus dem Bereich 3 ostwärts von Dünstekoven im Waldrand.

Die Brückenkopfstellung Bonn

Auch für die 100.000 Einwohner zählende Universitätsstadt Bonn war eine linksrheinische Brückenkopfstellung befohlen worden. Die Stadt verfügte über eine Straßen-Reinbrücke, hatte Industrie- und Rüstungsbetriebe und war Ausgangspunkt einer wichtigen Eisenbahnlinie über Meckenheim, Rheinbach und Euskirchen an die Eifelfront.

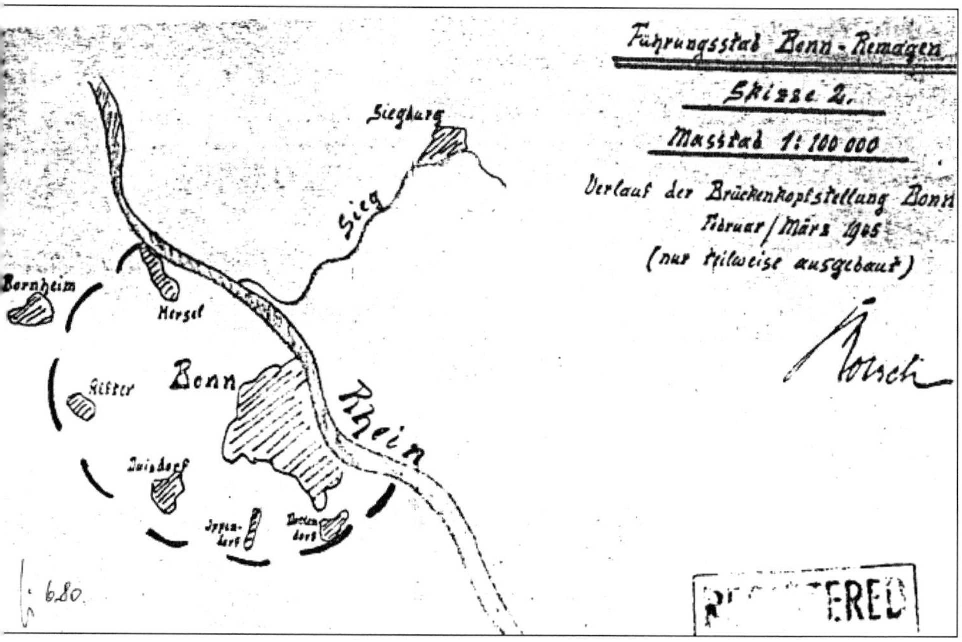

Plan des Generalleutnant Botsch von der Brückenkopfstellung Bonn

Bonn war ab Mai 1940 das Ziel kleinerer und ab August 1943 größerer Bombenangriffe. In Bonns Kasernen waren Infanterie-, Artillerie und Flieger-Abwehr-Einheiten stationiert.

Am 1. März 1945 wurde Generalleutnant Walter Botsch beauftragt, mit einem neu zu bildenden „Führungsstab Bonn-Remagen“ die Verteidigung der beiden Brückenköpfe zu organisieren. Ihm standen die Reste der 18. und 26. Volks-Grenadier-Divisionen zur Verfügung. Damit sollte einerseits die vorbereitete Brückenkopfstellung Bonn und andererseits eine Riegelstellung zwischen dem Rheinufer nördlich Bonn und Weilerswist errichtet und besetzt werden. Botsch hatte zu diesem Zeitpunkt auch die Verantwortung für den Brückenkopf Remagen. Sein Gefechtsstand war anfangs in Waldorf, 9 km nordwestlich von Bonn.

In Bonn war Generalmajor von Bodmer Kampfkommandanten. Artillerie, Panzer und Panzer-Abwehrwaffen fehlten vollkommen. Vorhanden waren ein Polizei-Bataillon des Höheren SS- und Polizeiführers, rund 1000 Mann Ordnungspolizei und Flak-Artillerie. Diese war auf beiden Rheinufern verteilt, in genügender Zahl vorhanden, aber unbeweglich. Drei Volkssturm-Bataillone befanden sich in Aufstellung. Über den Zustand des Volkssturms trug der Bonner Kreisleiter Eichler dem General vor:

„Der Volkssturm ist ein totgeborenes Kind. Es war falsch, ihn durch die Partei aufstellen zu lassen; man hätte ihn der Wehrmacht geben müssen. Die Bataillone von Bonn sind nicht ausgebildet, nicht ausgerüstet, nicht richtig bekleidet und haben zu wenig Waffen und Munition. Und das Wichtigste: Die Leute, besonders die Rheinländer und da wieder ganz besonders die Bonner, wollen nicht kämpfen! Die Leute haben Sorgen, dass das, was ihnen der Bombenterror noch gelassen hat, vollends zerstört wird, wenn sie hier Widerstand leisten.“

Der Ausbauzustand der Brückenkopfstellung Bonn wurde so gemeldet: Gräben sind ausgehoben, stehen aber zum Teil unter Wasser. An Panzersperren wird gearbeitet. Es fehlen alle Unterstände und alle Drahthindernisse.

Am 3. März wurde die Besatzung von Bonn alarmiert und bezog die für den Kampf vorgesehenen Stellungen. Damit war gewährleistet, dass am Ausbau der Stellungen gearbeitet wurde.

Am 5. März lehnte Generalfeldmarschall Model, Oberbefehlshaber der Heeresgruppe B, zusätzliche Kräfte für Bonn und Remagen ab. Botsch musste mit dem Vorhandenen verteidigen.

Am 6. März besprach General Botsch mit Kreisleiter, Oberbürgermeister und dem örtlichen Polizeiführer alle Fragen der Verteidigung, des Volkssturms, der Polizei und der Versorgung der Zivilbevölkerung.

Vom 7. bis 9. März kamen demoralisierte Fronttruppen nach Bonn. Vom Ostufer des Rheins setzte als Verstärkung ein Teil der Panzerbrigade 106 „Feldherrnhalle“ über die Brücke. Die Amerikaner griffen mit der 1. Infanterie-Division („Big Red One“) aus Nordwesten an. Bad Godesberg war Angriffsziel der 9. US Infanterie-Division. Die deutschen Verteidiger hatten keine Chance. Am 8. März wurde die Straßenbrücke von deutschen Pionieren gesprengt. Tags darauf wurde Bonn von den Amerikanern eingenommen. In Bad Godesberg haben Teile der 3. Fallschirmjäger-Division unter ihrem Kommandeur Generalleutnant Schimpf kampflos kapituliert.

Ausgedehnte Infanteriestellungen der damaligen Brückenkopfstellung sind im Waldrand nördlich der Ackerflächen zwischen Waldau und Annaberger Hof zu sehen. Einzelne Grabenstücke sind auf der Höhe südwestlich von Alfter erhalten geblieben.

Quelle:
BA-MA, Freiburg, MS#B 785 / ZA 1-1137
US Historical Division MS#B-785,
Walter Botsch, „Führungsstab Bonn-Remagen“

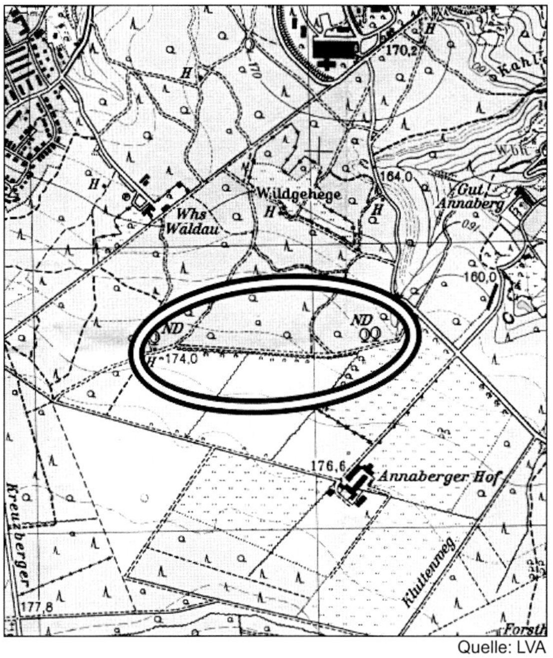

Quelle: LVA

Auf dem Plateau des Venusberges zwischen den Klinken und dem Annaberger Hof sind die Schützengräben der Brückenkopfstellung Bonn am Waldrand zu sehen.

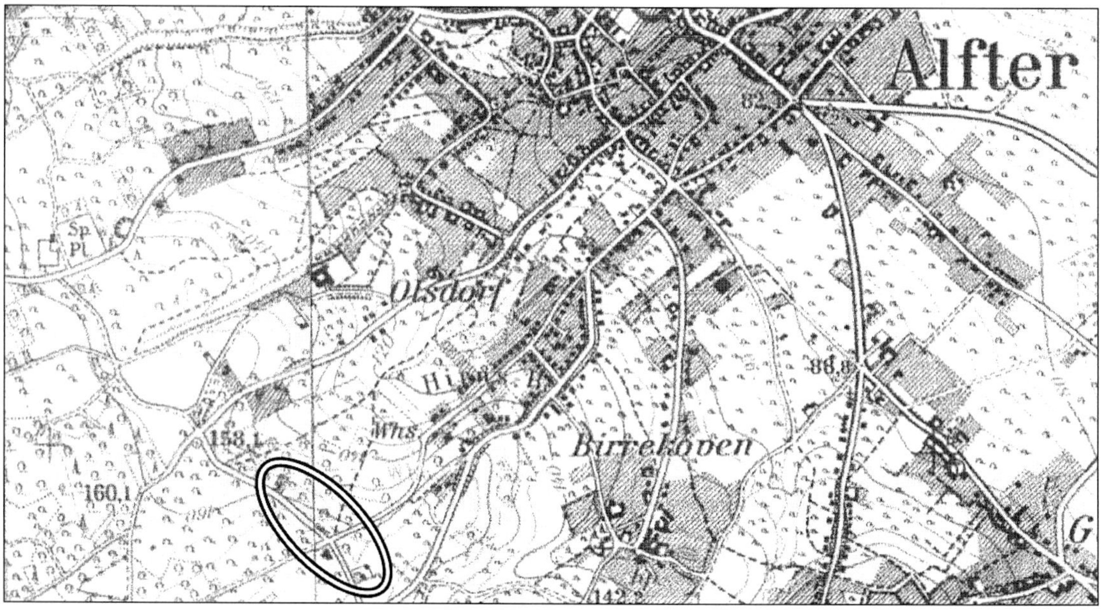

Die Westflanke des Bonner Brückenkopfes bildeten die Infanteriestellungen auf der Höhe westlich von Alfter

Quelle: LVA

Amerikanische Infanteriestellungen bei Bad Hönningen

Die Amerikaner starteten am 23. Februar 1945 ihre Offensive aus den Stellungen in der Westeifel zum Rhein. Am Nordflügel der 1. US-Armee war das VII. Corps eingesetzt, zu dem u.a. die 99. Infanterie-Division gehörte. Diese stieß aus dem Raum um Düren bis an den Rhein südlich von Neuss vor. Weil dort von deutscher Seite keine Gefahr mehr drohte, wurde diese Division am 10. März zügig nach Linz am Rhein verlegt, um den Brückenkopf auf dem Ostufer des Rheins zu verstärken. Am 11. März übernahm die 99. den Südteil des Brückenkopfes auf der Linie Ariendorf-Dattenberg-Ginsterhahn und wurde nun dem III. US-Corps unterstellt.

In den Tagen 12.-15. März machten die Infanteristen der 99. mit starker Artillerieunterstützung vom Westufer des Rheins trotz starker Gegenangriffe der deutschen Wehrmacht Geländegewinne nach Süden und Südosten. Links auf der Höhe waren das 395., in der Mitte das 393. und am Rhein das 394. Infanterieregiment eingesetzt. Die deutschen Gegenangriffe mit Infanterie und wenigen Panzern hatten manchmal etwas Erfolg. Aber gegen die Übermacht der Amerikaner war der Geländegewinn bald wieder verloren. Das 394. Regiment kämpfte gegen Teile der 272. Volks-Grenadier-Division und Batterien der 24. Flak-Abteilung.

Divisionsabzeichen der 99. US-Infanteriedivision

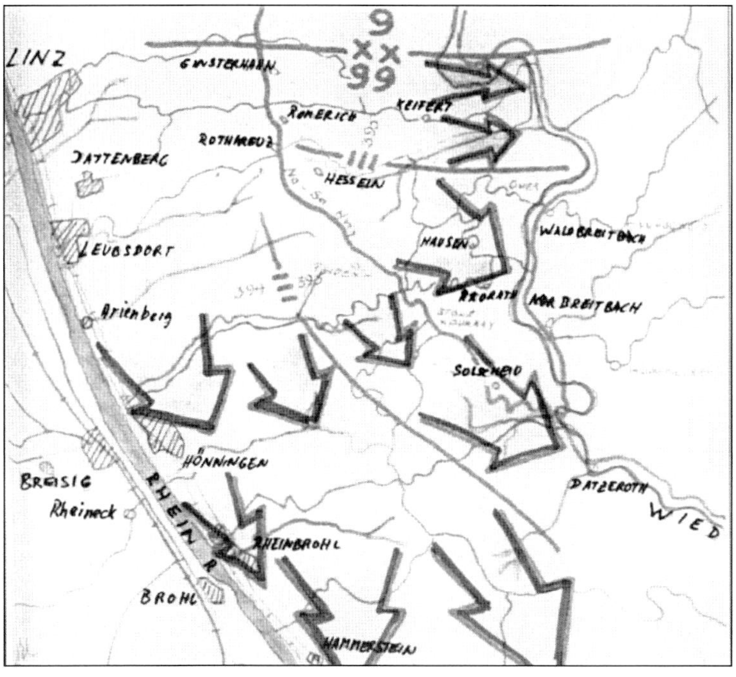

Lageentwicklung bei der 99. US-Infanterie-Division Mitte März 1945 beim Vormarsch auf dem Ostufer des Rheins nach Süden

Nach der Besetzung von Ariendorf nahmen die Amerikaner die Höhe nördlich und ostwärts von Schloss Arenfels gegen deutschen Widerstand ein. Das Schloss wurde von deutschen Soldaten einer leichten Flakbatterie gehalten solange es ging. Am Höhenrand des Schlossberges verschanzten sich die US-Infanteristen, um aus dieser guten Stellung das Schloss und das Städtchen zu beschießen.

Am 16. März erreichten das 395. und Teile des 393. Regiments die Wied. Regiment 394 kämpfte sich gegen zähen Widerstand und unter hohen Verlusten meterweise nach Hönningen vor. Teile des 394. Regiments hatten das Tal des Staierbachs überquert und griffen vom Ölsberg und Dielsberg aus an.

Erst am 17. März wurde das Städtchen nach erbittertem Häuserkampf von den Amerikanern erobert. Die Reste des Grenadier-Regiments 980 gerieten mit etwa 200 Mann in Gefangenschaft. Hönningen war von Feldmarschall Model zum „Festen Platz“ erklärt worden und musste deshalb *„bis zum letzten Mann und zur letzten Patrone“* verteidigt werden. Bei den Kampfhandlungen in und um Hönningen kamen 56 Soldaten der Wehrmacht zu Tode und 21 Zivilisten verloren ihr Leben.

Quelle: Wolfgang Gückelhorn, Das Ende am Rhein, Aachen 2005

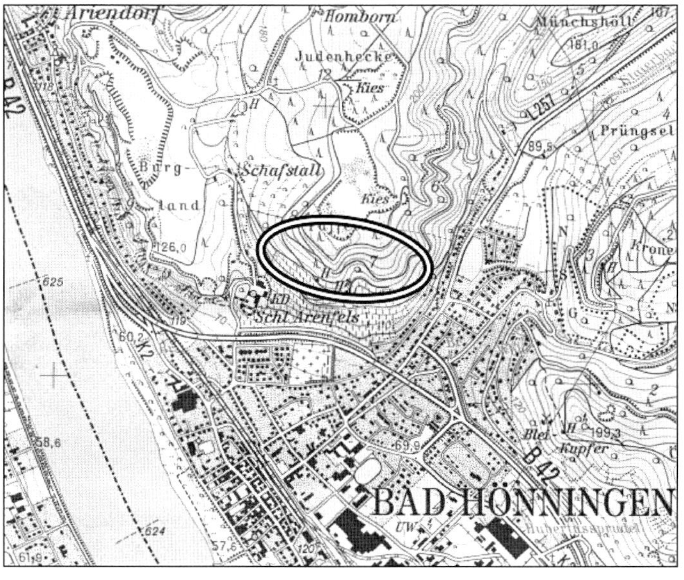

Im markierten Bereich sind die Infanterie-Stellungen des 394. US-Regiments erhalten geblieben.

Bild oben links: Blick von der Höhe des Paffelter-Berges auf Schloss Arensfels, Bad Hönningen und den Rhein.
Alle anderen Fotos zeigen amerikanische Schützenlöcher am oberen Hang, von wo aus das deutschbesetzte Hönningen gut mit Infanteriefeuer zu beherrschen war.

Brückenkopfsicherung nach Süden

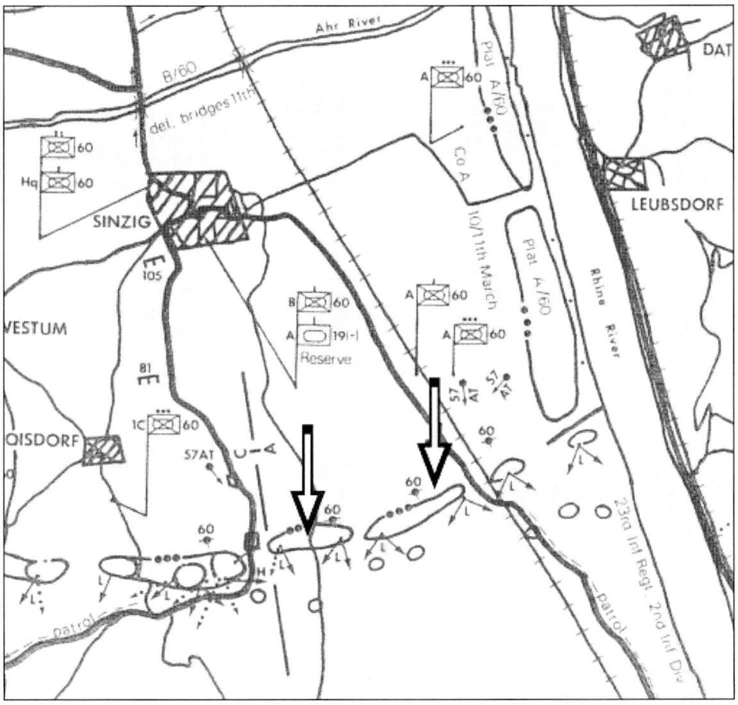

Amerikanische Lagekarte von der Brückenkopfsicherung nach Süden

Während am Nachmittag des 7. März 1945 die Task Force (TF = Kampfverband in Bataillonsstärke) Engemann der 9. US-Panzerdivision Remagen und die Ludendorff-Eisenbahnbrücke im Handstreich genommen hatte, war die TF Prince durch das untere Ahrtal nach Sinzig vorgestoßen. Bereits gegen Mittag wurde die verteidigte Straßenbrücke über die Ahr genommen und in den darauffolgenden Stunden Sinzig besetzt. Der weitergehende Auftrag der TF Prince wäre es gewesen, auf der Reichsstraße 9 über Niederbreisig und Brohl nach Andernach zu gelangen, um sich dort mit den Angriffsspitzen der 4. bzw. 11. Panzerdivision der 3. US-Armee zu vereinen. Durch diesen Zangenschluss wären mehrere deutsche Armee-Korps in der Eifel eingeschlossen worden.

Aber es kam anders: Der unerwartete Rheinübergang bei Remagen-Erpel führte zu einer sofortigen Planänderung der Amerikaner. Eisenhower befahl als alliierter Oberbefehlshaber in Westeuropa, den noch schwachen Brückenkopf mit allen Kräften zu verstärken. Die TF Prince musste südlich von Sinzig den Rheinübergang bei Remagen sichern, um einen deutschen Flankenangriff auf dem Westufer des Rheins zu verhindern.

Nachdem am späten Nachmittag ein Panzerspähtrupp der TF Prince am nördlichen Ortseingang von Niederbreisig einen Sherman-Panzer verloren hatte, bildete die A-Kompanie des 60. gepanzerten Infanterie-Bataillons (TF Prince) eine Sicherungslinie vom Rheinufer in Höhe von Ariendorf über das Tiefpfad bis zum Harbachtal. Nach Westen anschließend ging die C-Kompanie in Stellung. Die Infanteristen hoben Schützenlöcher aus, brachten leichte Maschinengewehre und 60 mm Mörser in Stellung. Im Harbachtal und an der Reichsstraße 9 sollten 57 mm Panzer-Abwehrkanonen deutsche Gegenangriffe verhindern.

Im Laufe des 9. März wurde die TF Prince durch Soldaten des 23. Infanterie-Regiments der 2. US-Infanteriedivision in ihren Stellungen abgelöst und musste den Rhein überqueren, um den Brückenkopf zu verstärken.

Amerikanische Stellungslöcher sind direkt am Waldweg zwischen der Mönchsheide und dem Ziemert-Berg bei Punkt 199,3 und ostwärts davon zu finden.

Quellen: Wolfgang Gückelhorn, Das Ende am Rhein, Aachen 2005
The 9th. The Story of the 9th Armored Division, Paris, 1945

Foto links: Amerikanische Feldpostenstellung am Weg zur Mönchsheide (linker Pfeil in der Karte)

Amerikanisches Schützenloch oberhalb des Tiefpfades (rechter Pfeil in der Karte)

Kampfgebiet Remagen

Das Rheinstädtchen Remagen war bis zum Sommer 1944 weitestgehend vom Kriege verschont geblieben. Das änderte sich schlagartig.

Nachdem in Frankreich eine zweite Hauptfront entstanden war, begannen zunächst sporadische und ab Herbst 1944 regelmäßige Luftangriffe auf die Ludendorff-Brücke, das Gleisdreieck und die Eisenbahnbrücke über die Ahr bei Sinzig. Ab dieser Zeit waren erhebliche Fliegerabwehr-Batterien im Großraum Remagen zum Schutz der Brücken in Stellung.

Blick auf Remagen in den 30er Jahren mit Ludendorff-Eisenbahnbrücke im Hintergrund

Remagen spielte für den Vormarsch der 1. US-Armee anfangs nur die Rolle eines Zwischenziels. Die 9. US-Panzerdivision hatte den Auftrag, von Rheinbach-Meckenheim bis nach Ahrweiler-Neuenahr-Sinzig vorzustoßen, um dann auf dem Westufer des Rheins nach Süden weiter anzugreifen. Sie sollte sich mit den Angriffspitzen der 3. US-Armee bei Brohl-Andernach vereinen, um die Truppen von zwei deutschen Armeekorps in der Eifel einzukesseln und zu vernichten.

Eine Aneinanderkettung vieler unglücklicher Umstände auf deutscher Seite führte zum sogenannten „Wunder von Remagen“: Dem Kampfkommando „B“ der 9. Panzer-Division fiel am Nachmittag des 7. März 1945 die Ludendorff-Eisenbahnbrücke fast unbeschädigt und ohne Verluste in die Hand.

Durch dieses Glück auf amerikanischer und das Fiasko auf deutscher Seite entwickelten sich in den darauf folgenden Wochen heftige Kämpfe im Raum Remagen und dem rechtsrheinischen Brückenkopf. Der Befehlshaber der 1. US-Armee, Generalleutnant Hodges, befahl mit Billigung von Oberbefehlshaber General Eisenhower alle verfügbaren Truppen in den Brückenkopf.

Auf deutscher Seite wurden viele verzweifelte Versuche unternommen, den amerikanischen Brückenkopf zu beseitigen und die Ludendorff- sowie die Pontonbrücken zu zerstören. Ihnen blieb der Erfolg versagt...

Von diesen Kämpfen sind auch 62 Jahre nach dem Kriegsende noch Spuren zu sehen.

Quelle: Wolfgang Gückelhorn, Das Ende am Rhein, Aachen, 2005

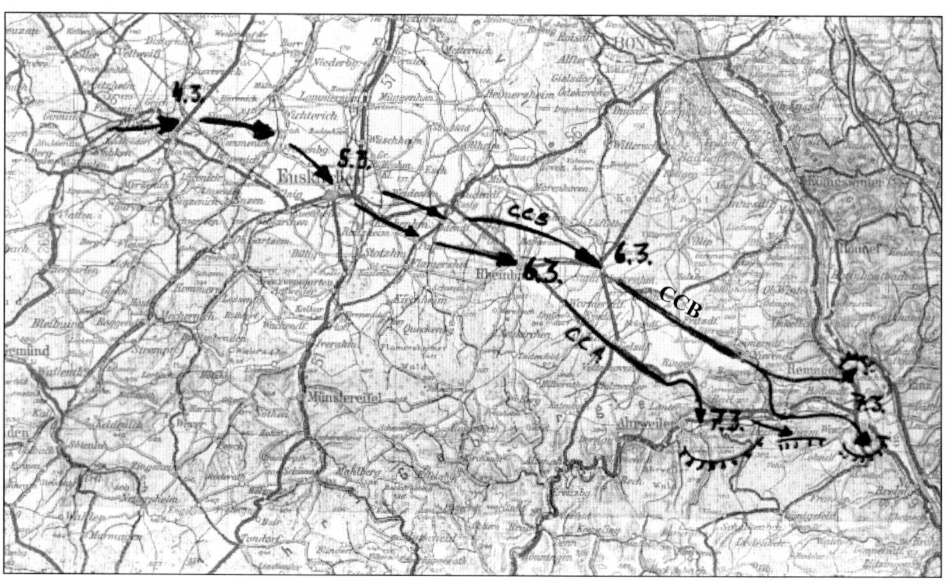

Vormarschweg der 9. Panzerdivision vom 4.-7. März 1945 nach Remagen bzw. Sinzig

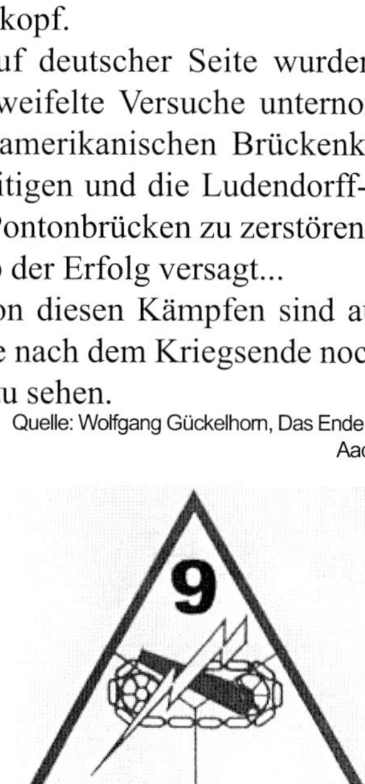

Zeichen der 9. US-PzDiv

Die deutsche Brückenkopfstellung Remagen

Seit dem Beginn der alliierten Invasion in der Normandie wurde mit einem feindlichen Unternehmen gegen die Ludendorff-Eisenbahnbrücke zwischen Remagen und Erpel gerechnet. Deshalb wurde am 8. Juni 1944 die 12. Kompanie des Landes-Pionier-Regimentes 12 durch eine „Brückensicherungskompanie“ verstärkt. Diese Kompanie wurde vom Grenadier-Ersatz- und Ausbildungs-Bataillon 80, Koblenz, zusammengestellt. Sie bestand aus Genesenden, die vorübergehend nicht kriegsverwendungsfähig waren. Die Stärke der Kompanie betrug anfänglich 300 Mann, sank aber in den folgenden drei Monaten auf 100 Mann ab.

Die Angehörigen dieser Kompanie waren durchweg kampferprobte Soldaten. Der größte Teil von ihnen musste sich noch einer ambulanten Behandlung im Lazarett Linz unterziehen. Sobald einer wieder kriegsverwendungsfähig war, wurde er durch den Ersatztruppenteil abgelöst. Das hatte zur Folge, dass für die Bedienung der schweren Waffen (Maschinengewehre, Panzerabwehrkanonen und leichte Granatwerfer) selten eine ausgebildete Mannschaft vorhanden war.

Taktisch war die Brückensicherungskompanie der 12. Kompanie / Landes-Pionier-Regiment 12 unterstellt. Der Einsatzbefehl für sie lautete:

1. Abwehr feindlicher Sabotageunternehmen größeren Ausmaßes gegen die Brücke, insbesondere in Verbindung mit einer Luftlandung;
2. Abwehr eines Erdgegners bei überraschendem Durchbruch einer vorwärts gelegenen Front, insbesondere bei Panzerdurchbrüchen;
3. Sicherung der Pionierkompanie bei den von ihr für eine Brückensprengung zu treffenden Vorbereitungen und Sicherstellung der dafür erforderlichen Zeit;
4. Ausbau und Unterhaltung der für die Verteidigung erforderlichen Stellungen.

Hierzu sei bemerkt:

Für Luftlandungen besonders geeignete Räume im Gebiet von Remagen waren:

Linksrheinisch
- die Hochebene auf dem Viktoria-Berg
- das Rheintal zwischen Remagen und Kripp
- das Ahrtal westlich Kripp

Rechtsrheinisch
- die Rheinebene zwischen Erpel und Unkel
- die Höhen um Orsberg

Deshalb wurde ab dem Herbst 1944 zunächst eine Nahverteidigungsanlage auf beiden Ufern des Rheins im

Hauptmann Willi Bratge, Kampfkommandant von Remagen ab Herbst 1944

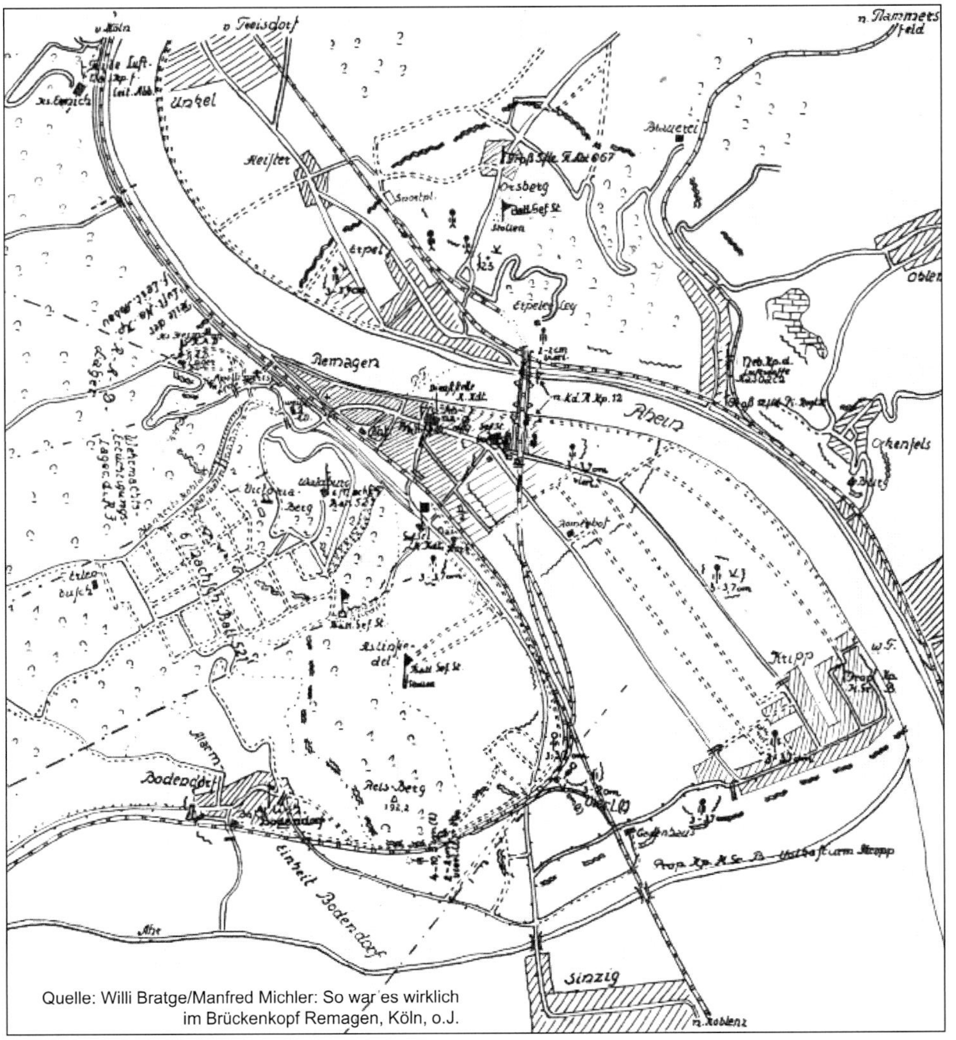

Quelle: Willi Bratge/Manfred Michler: So war es wirklich im Brückenkopf Remagen, Köln, o.J.

Verteidigungsplan des Hauptmann Bratge für den Brückenkopf Remagen

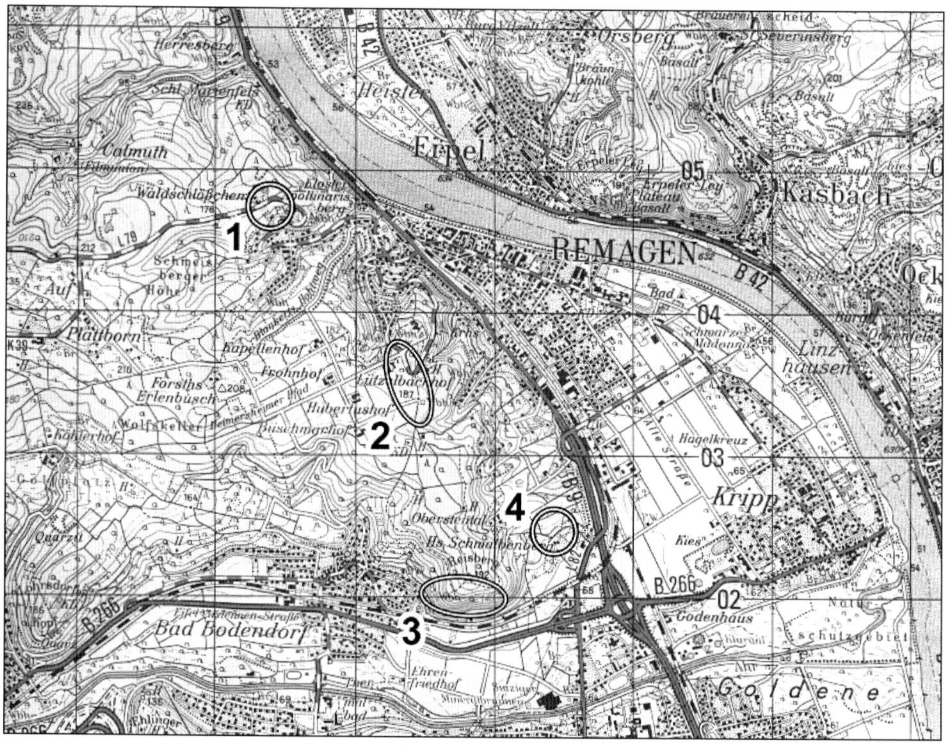

Quelle: LVG

Einmann-Panzerdeckungsloch. Die Zeichnung zeigt die Schutzwirkung

Bereich der Brücke geschanzt. Später wurde der Brückenkopf so angelegt, dass von keiner Stelle der Verteidigungsfront auf dem Westufer ein direktes Beschießen der Brücke möglich gewesen wäre.

Das gesamte Stellungssystem war für ein kriegsstarkes Infanterie-Regiment vorgesehen, das mit zwei Bataillonen linksrheinisch und mit einem Bataillon rechtsrheinisch eingesetzt werden sollte. Entsprechend waren drei Bataillons-Gefechtsstände in Bunkern bzw. Erdstollen ausgebaut.

Durch einen Artillerieoffizier waren im Februar 1945 Stellungen für eine Artillerie-Abteilung erkundet, vermessen und die Schießgrundlagen errechnet worden.

An den Straßeneingängen von Remagen, Bodendorf und Kripp waren durch die Partei- und Volkssturmführer Panzersperren veranlasst worden, die jedoch keinerlei militärischen Wert hatten, weil sie ohne Schwierigkeit umfahren werden konnten.

Die Schließung und Verteidigung der Panzersperren durch Panzer-Vernichtungstrupps sollten auf Befehl der Parteiführung durch den Volkssturm erfolgen.

Ab Dezember 1944 war Hauptmann Bratge als Kampfkommandant von Remagen bestätigt und besonders vereidigt worden. Er ließ die Stellungen weiter ausbauen und unterhalten. Seine Soldaten ließ er laufend an den zur Verfügung stehenden Waffen ausbilden.

Der Flieger-Abwehr-Schutz war zeitweise sehr beträchtlich und in die Stellungen einbezogen.

Als am 7. März die amerikanischen Kampfgruppen nach Remagen vorstießen, hatte Hauptmann Bratge für die Verteidigung lediglich 36 Soldaten der Brücken-Sicherungs-Kompanie einsatzbereit. Alle anderen eingeplanten

Deutscher Infanterist in einem Panzerdeckungsloch

Bild links: Eins von vielen Panzerdeckungslöchern entlang der Birresdorfer Straße in Panzerfaustschussentfernung (s. Karte, Nr. 1)

Zick-Zack-Infanteriegräben auf der Victoriahöhe südwestlich von Remagen (Fotos dieser Seite siehe Nr. 2 der Karte)

und von der Heeresgruppe B versprochenen starken Kräfte waren nicht vor Ort oder aber durch besonderen Befehl woanders hin befohlen worden.

Wegen der chaotischen Lage gelang der 9. US-Panzerdivision am Nachmittag des 7. März 1945 der Handstreich auf die Ludendorff-Eisenbahnbrücke. Diese Lageentwicklung führte zu heftigen Bemühungen der Deutschen Wehrmacht, den rechtsrheinischen Brückenkopf zu beseitigen und deshalb zu verlustreichen und wochenlangen Kämpfen im Großraum Remagen.

Von der Remagener Brückenkopfstellung findet man heute noch Schützengräben bzw. -löcher im Bereich der Birresdorfer Straße, am Waldrand des Viktoriaberges, am Südhang des Reisberges und am Schwalbenberg.

Quelle: Willi Bratge/Manfred Michler, So war es wirklich im Brückenkopf Remagen, Köln 1954

Foto oben: So sah der Einsatz eines Maschinengewehrs aus einer ausgebauten MG-Stellung aus. Fotos unten: zwei MG-Stellungen am Waldrand der Victoriahöhe.

Gräben am Südwesthang des Reisberges mit Schussrichtung auf die Ahrtalstraße und Bodendorf. Das Foto oben rechts zeigt den Wirkungsbereich für eine schwere Waffe (MG oder PAK) aus einer Stellung im Hang. Rechts oben Ostrand von Bodendorf (s. Karteneintrag Nr. 3)

Foto links und rechts: Schützengräben am Südostausläufer des Reisberges/Schwalbenberg mit Wirkungsrichtung Reichsstraße 9, Abzweigung Ahrtalstraße (s. Karteneintrag Nr 4)

Die Ludendorff-Eisenbahnbrücke

Diese Brücke stand im März 1945 weltweit im Brennpunkt der Kriegshandlungen .

Das Stahlbauwerk wurde in den Jahren 1916-18 zu Kriegszwecken gebaut. Zur Verbesserung der Nachschublage für die Westfront sollte die Ahrtalstrecke mit dem rechtsrheinischen Schienennetz verbunden werden. Aus denselben Gründen entstanden die Eisenbahnbrücken zwischen Bingen / Rüdesheim (Hindenburgbrücke) und Urmitz / Engers (Kronprinzenbrücke).

Am Brückenbau waren für die Strompfeiler die Firma Holzmann, für das Mauerwerk die Fa. Grün und Bilfinger und für die Stahlkonstruktion das MAN Werk aus Gustavsburg beteiligt.

Die Ludendorff-Brücke wurde nach dem 1. Generalquartiermeister des kaiserlichen Feldheeres benannt. Sie diente am Kriegsende im November 1918 dem Uferwechsel des geschlagenen deutschen Westheeres und einige Tage später dem Rheinübergang der amerikanischen Besatzungstruppen.

Die Ludendorff-Eisenbahnbrücke kurze Zeit nach der Einnahme durch die 9. US-Panzerdivision am 7. März 1945

Am 17. März 1945 war die Ludendorff-Brücke einge-sützt. Ab April befand sich unmittelbar südlich davon das große Kriegsgefangenenlager in der "Goldenen Meile"

Beide Fotos: US Signal Corps

Im II. Weltkrieg begannen ab Sommer 1944 die Bombenangriffe der Alliierten. Wenn die Brücke einen Treffer erhalten hatte, reparierten Pioniere den Schaden, damit der Nachschubverkehr für die Westfront weiterfließen konnte. In den fünfgeschossigen Brückenturmpaaren waren Unterkünfte für Soldaten, eine Telefonvermittlung, ein Gefechtsstand und Materiallager untergebracht. Oben auf den Turmkronen hatte man mauerumwehrte Beobachtungsstände und je eine 2 cm Fliegerabwehrkanone.

Als die amerikanischen Infanteristen am Nachmittag des 7. März über die beidseitigen Fußgängerstege auf das rechte Rheinufer vorliefen, waren die leichten Flaks abgebaut und lediglich einige jugendliche Flakhelfer versuchten, den Feindangriff mit einem Maschinengewehr abzuwehren. Ohne Verluste gelang es den Amerikanern die Brücke zu überqueren, die MG-Bedienung gefangen zu nehmen und kurze Zeit später die Wehrmachtssoldaten und Zivilisten im Tunnel unter der Erpeler Lei zur Aufgabe zu bringen.

Die lange geplante Sprengung der Brücke misslang, weil die Zündleitung zu den Planladungen durch Beschuss kurz zuvor zerstört worden war. Eine durch deutsche Pioniere versuchte Notsprengung konnte das Bauwerk nicht zerstören, weil der zivile Sprengstoff eine zu schwache Wirkung hatte und zu wenig davon vorhanden war.

In den zehn Tagen bis zum 17. März 1945 lag die Brücke unter permanentem deutschen Artilleriefeuer. Die deutsche Luftwaffe setzte alle nur verfügbaren Jagdbomber, Sturzkampfbomber und Schnellbomber ein, um diese für die Amerikaner so wichtige Brücke zu zerstören. Es gab Artillerie- und Bombentreffer ohne die Brücke zum Einsturz zu bringen.

Ab dem 12. März wurde sie nicht mehr für den Rheinübergang benutzt, weil zwischenzeitlich Pontonbrücken gebaut worden waren. Amerikanische Pioniere versuchten die Schäden an der Stahlkonstruktion zu reparieren.

Am Nachmittag des 17. März stürzte die Ludendorff-Brücke ohne besonderen Anlass zusammen und forderte dabei 28 Todesopfer.

Die Stahltrümmer wurden Jahre nach dem Krieg aus dem Rhein geborgen, später auch die Strompfeiler entfernt. Erhalten geblieben sind die beidseitigen Turmpaare und linksrheinisch einer von zwei Flutbogen. Der andere war im Januar 1945 durch einen Bombentreffer zerstört worden. Auf der Remagener Seite ist in den Türmen das Friedensmuseum untergebracht. Im Erpeler Eisenbahntunnel finden seit 2006 Theateraufführungen zum Thema statt.

Für einen Wiederaufbau der Eisenbahnbrücke gab es nach dem II. .Weltkrieg keinen Bedarf mehr, sodass man sagen kann: *„...für den Krieg gebaut, durch den Krieg zerstört !“*

Eingestürzte Ludendorff-Brücke und die Erpeler Lei auf einem amerikanischen Luft-Foto von Ende März 1945

Foto: US Air Force

Die Reste der Ludendorff-Brücke mit dem Friedensmuseum in den Brückentürmen. Der durch Bombenangriff im Januar 1945 zerstörte Flutbogen ist im Vordergrund.

Die Brückentürme auf der Erpeler Seite vor dem Felsmassiv der Erpeler Lei

Die Remagener Brückentürme mit dem Friedensmuseum

Bild oben: Treppenzugang mit Schießscharten zeigt heute noch Einschusslöcher durch schwere MGs der Amerikaner

Bild rechts: Der zugemauerte Eisenbahntunnel unter der Erpeler Lei. Seit 2006 führt der rechtsrheinische Radweg unmittelbar daran vorbei.

Fotos unten:

links: ein amerikanischer Soldat betrachtet von der Erpeler Lei die kampflos genommene Ludendorff-Brücke. Rechts daneben die Ansicht heute.

Quelle: US Signal Corps

Der V2-Beschuss der Remagener Brücken

Startende V2-Einsatzrakete

Quellen:
Public Record Office, London
Gückelhorn/Paul, V 2 – Gefrorene Blitze, Aachen,2007
Heinz Jirousek, Bad Hönningen

Zu den Versuchen, die Ludendorff-Eisenbahnbrücke und die strom-auf- und abwärts befindlichen amerikanischen Pontonbrücken zu zerstören, zählte auch der unsinnige Beschuss mit V2-Raketen.

Aus Feuerstellungen beim holländischen Hellendoorn verschoss am 17. März 1945 die SS-Werfer-Abteilung 500 elf V2-Flüssigkeitsraketen nach Remagen. Obwohl die Wirkung eines V2-Einschlages außerordentlich war, kann dieser Zerstörungsversuch als unsinnig eingestuft werden. Diesem völlig neuartigem Waffensystem fehlte die heute übliche Treffgenauigkeit.

Die Fernraketentruppe war stolz, wenn sie über 300 Kilometer Zielentfernung ein Quadrat von 5 x 5 Kilometern Kantenlänge getroffen hat. Die V 2 war eine Terrorwaffe für große Flächenziele und wurde bei London und Antwerpen entsprechend eingesetzt. Punktziele wie Brücken hätten jedoch nur mit äußerst geringer Wahrscheinlichkeit getroffen werden können.

Am Beschusstag haben amerikanische Radaraufklärer die Einschläge im Großraum Remagen vermessen und uns überliefert.

Sieben der elf Einschläge wurden vor Ort bemerkt oder später anhand von Fundstücken oder Augenzeugen nachgewiesen. Es gab Todesopfer bei der deutschen Bevölkerung und amerikanischen Soldaten. Raketen sind bei Kasbach, Remagen, Nierendorf und Oedingen in besiedelten Regionen heruntergekommen und haben Schaden angerichtet.

Noch heute kann man die Einschlagtrichter der Schüsse Nr. 8 zwischen Notscheid und Rott und Nr. 10, 500 m ostwärts von Plattborn im Wald sehen. Rund um die Trichter waren bzw. sind V2-Trümmer im Gelände zu finden.

Am 17. März 1945 wird Remagen aus dem holländischen Hellendoorn mit elf V2-Raketen beschossen.

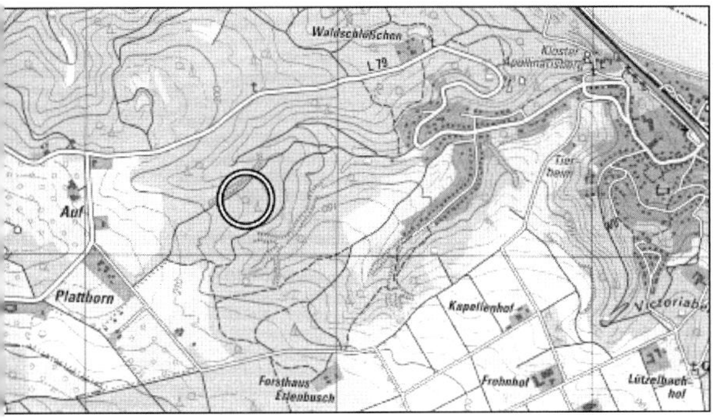

Karte oben und Foto unten: V2-Einschlag Nr. 10 zwischen Plattborn und Remagen

Karte rechts: 10 V2-Einschläge im Großraum Remagen am 17. März 1945. Der elfte Einschlag lag zwischen Bonn und Köln

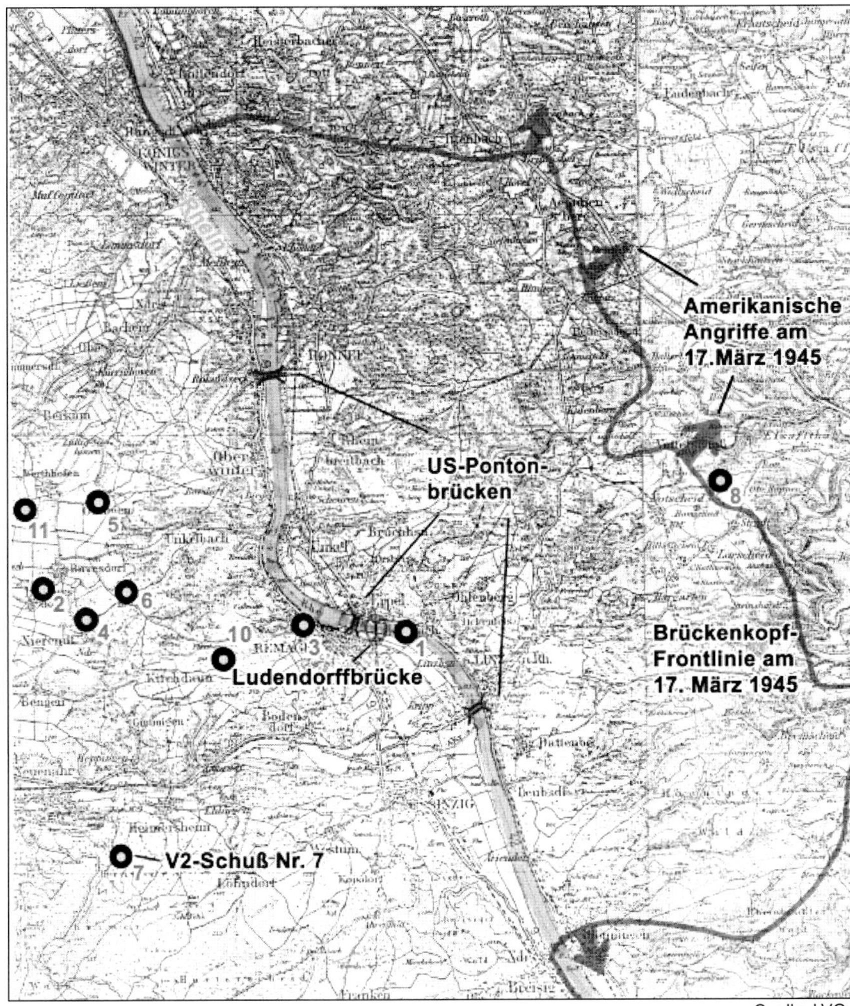

Quelle: LVG

Karte unten und Foto rechts:
Der achte Einschlag war zwischen Vettelschoß und den Rammheckhöfen.

Quelle: LVG

Das Reichsarbeitsdienst- und das Wehrertüchtigungslager der HJ

Ein Weg, um die enorme Arbeitslosigkeit der sogenannten Weimarer Zeit zu mindern, war die Einführung des Reichs-Arbeits-Dienstes (RAD). Durch dieses Instrument wurden Arbeitslose zu gemeinnützigen Arbeiten herangezogen und gleichzeitig die jungen Männer vormilitärisch ausgebildet.

Bereits 1936 war in der großen Kurve der Birresdorfer Straße ein Ba-

Das RAD-Lager an der Birresdorfer Straße (1) und WEL beim Haus Calmuth (2)

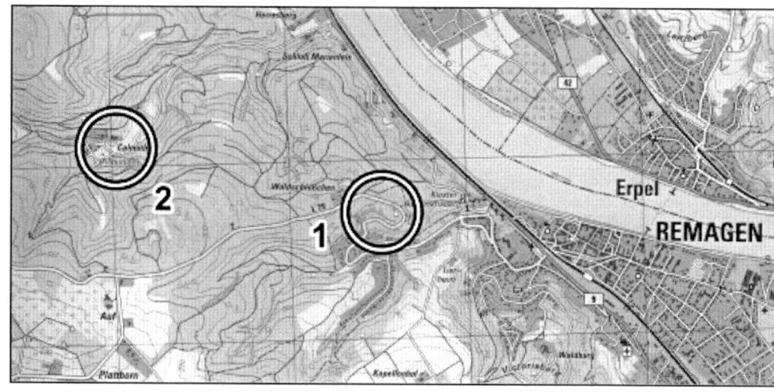

Quelle: LVG

Blick von Süden auf das RAD-Lager

Eingangsbereich des RAD-Lagers von der Birresdorfer Straße aus gesehen.

Quelle historischer Fotos in diesem Kapitel: Dr. med. Wolfgang Peters, Sinzig

rackenlager mit Versammlungshalle entstanden, um der RAD-Abteilung Remagen Unterkunft zu geben.

Diese Einrichtung blieb bis zum Kriegsende in Betrieb. Für die Rundum-Verteidigung Remagens hatte Hauptmann Bratge die RAD-Leute für den Verteidigungssektor rund um die Birresdorfer Straße eingeplant.

Am 27. Februar 1945 setzte jedoch der Führer des RAD-Lagers, Oberfeldmeister Kampp, den Hauptmann Bratge davon in Kenntnis, dass auf Weisung des Oberkommandos der Wehrmacht die Jahrgänge 1928 und jünger nur im äußersten Notfall zum Kampfeinsatz herangezogen werden sollten. Deshalb habe er in Kürze mit einer Verlegung des RAD-Lagers zu rechnen. Die Verlegung erfolgte auch innerhalb der nächsten drei Tage. Zur selben Zeit war im Haus Calmuth ein Wehr-Ertüchtigungs-Lager (WEL) der Hitler-Jugend und ein Kontingent des Bund Deutscher Mädchen (BDM) untergebracht. Die Hitler-Jugend bekam den Auftrag den Sektor des RAD zu übernehmen und im Angriffsfall zu verteidigen.

Nördlich der Birresdorfer Straße sind zu diesem Zweck im Kurvenbereich viele Panzerdeckungslöcher in Panzerfaust-Schussentfernung ausgehoben worden. Südlich der Straße gibt es Zickzack-Infanteriegräben.

Am 7. März waren diese Stellungen nicht besetzt gewesen, da die meisten der Leute aus dem WEL-Lager sich in der Nacht zuvor „aus dem Staub gemacht" hatten, um schnellstens vor dem Anmarsch der Amerikaner nach Hause zu kommen. Lediglich dort, wo die Birresdorfer Straße den Wald im Westen verlässt, war unter Führung eines aktiven Unteroffiziers ein stehender Spähtrupp des WEL. Dieser meldete bereits am Abend des 6. März starke amerikanische Panzerkräfte westlich von Birresdorf.

Am nächsten Vormittag hat diese vorgeschobene Sicherung die ankommenden Amerikaner noch mit einer Panzerfaust beschossen, aber das Ziel verfehlt. Ohne weitere Kampfhandlungen ging der WEL-Trupp in amerikanische Gefangenschaft. Der Weitermarsch für die Amerikaner nach Remagen war frei...

Heute sind im Bereich der Straßenkurve sowohl die Panzerdeckungslöcher, als auch die Schützgräben noch gut zu sehen. In der Kurve findet man die zahlreichen Fundamente der Baracken. Beim Haus Calmuth ist unter anderem der Klein-Kaliber-Schießstand noch vorhanden.

Die Versammlungshalle des RAD-Lagers. Seit Anfang der 60er Jahre steht sie als Jahn-Halle in Bad Breisig.

Bild links: RAD-Wachposten am Lagereingang. Im Hintergrund Remagen und Ludendorff-Brücke

Foto rechts: Amerikanisches Luftfoto vom März 1945 mit dem RAD-Lager im Kurvenbereich der Birresdorfer Straße

Foto: US Air Force

Die Barackenfundamente sind komplett erhalten. Im Bild rechts unten Teil eines Schornsteins.

Die RAD-Fahne wird gehisst.

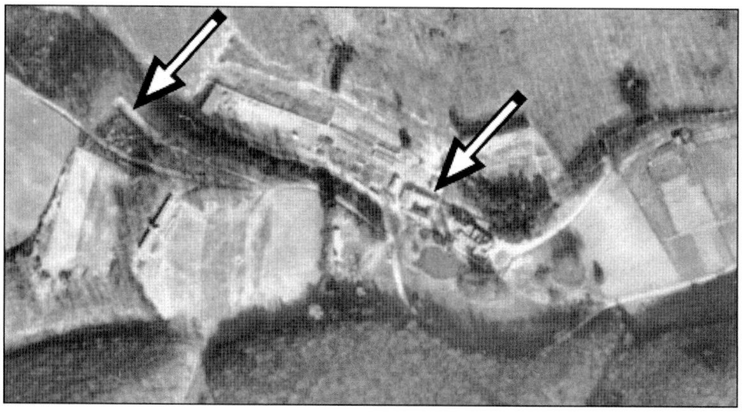

linker Pfeil zeigt den Schießstand mit 50m-Bahn. Siehe Fotos rechts
Foto: US Air Force

Der ehemalige Sportplatz (oben) und seine Begrenzungsmauer zum Bachgrund (unten)

Haus Calmuth im Jahre 2007, im Luftbild oben Pfeil rechts

Fliegerabwehrstellungen auf der Erpeler Lei

Die Ludendorff-Eisenbahnbrücke, das Gleisdreieck zwischen Sinzig / Remagen und die Eisenbahn-Ahrbrücke bei Sinzig waren ab dem Herbst 1944 oft das Ziel amerikanischer Bombenangriffe. Durch Zerstören dieser Anlagen wollten die Alliierten den deutschen Nachschub an die Westfront unterbinden oder zumindest erschweren. Dafür griffen zwei- und viermotorige Bomber der 8. und 9. US Air Force regelmäßig an.

Die Deutsche Luftwaffe war in dieser Kriegsphase nicht mehr in der Lage, durch Jagdflugzeuge das Eindringen feindlicher Flugzeuge in den deutschen Luftraum zu verhindern.

Deshalb waren ab Herbst 1944 erhebliche Fliegerabwehr (Fla)-Kräfte in wechselnder Stärke im Großraum Remagen in Stellung. Diese Objektschutzeinheiten schossen mit Fliegerabwehrkanonen (Flaks) vom Kaliber 2 bis 10,5 cm. An den Brücken gab es 2 cm Einzel (Solo)-Flaks, 2 cm Vierlings- und 3,7 cm Flaks. Im Gleisdreieck standen gepanzerte Güterwaggons mit 2 cm Vierlings- und 3,7 cm Flaks, südlich des Reisberges eine Batterie Eisenbahnflak mit 4 x 10,5 cm Geschützen.

Auf der Erpeler Lei waren mehrere 2 cm Vierlingsflak in Stellung. Außerdem kam eine neue Fla-Waffe zum Einsatz: 24 Fla-Raketenwerfer mit jeweils 35 ungelenkten Sprengraketen waren links- und rechtsrheinisch in Feuerstellungen.

Auf dem Luftfoto sind die deutschen Flak-Stellungen auf der Erpeler Lei und den Brückentürmen markiert
Quelle: US Air Force

Weitere Flaks schützten bei Kripp, Sinzig und Remagen den Luftraum. Diese Fla-Konzentration verhinderte genauere Bombenwürfe aus geringer Flughöhe. Dennoch bombten die Amerikaner erfolgreich aus mittlerer Höhe und teilweise durch eine geschlossene Wolkendecke die Ziele.

Am 7. März 1945 waren die meisten Flakkräfte bereits abgezogen oder gerade im Stellungswechsel auf die andere Rheinseite, deshalb konnten sie nicht in die Bodenkämpfe eingreifen.

Auf der Erpeler Lei sieht am entlang des Fußweges, der am Rand der Freifläche entlang führt, noch einige ehemaligen Flak-Stellungen als Vertiefungen im Erdreich.

Beim Gleisdreieck ist der Anschluss von Sinzig an die Ahrstrecke nach dem Krieg entfernt worden, sodass nur noch von Remagen kommend auf die Ahrtalstrecke gefahren werden kann.

Zurückgelassene deutsche 3,7cm-Flak zwischen Rheinufer und Reichsstraße 42 oberhalb der Ludendorff-Brücke
Foto: US Signal Corps

2cm-Vierlingsflak auf dem linken Rheinufer oberhalb der Ludendorff-Brücke
Foto: ullstein-bild

Der Luftwaffenhelfer Kurt Degen an einer 2cm-Solo-Flak auf einem linksrheinischen Turm der Ludendorff-Brücke Foto: Kurt Degen, Burgbrohl

Amerikanische Fliegerabwehrsoldaten bestaunen eine deutsche "Wunderwaffe" bei Remagen: Von diesem FÖHN-Fliegerabwehr-Raketenwerfer waren 24 Stück rund um Remagen/Erpel in Stellung Foto: US Signal Corps

In diesen heute noch erkennbaren Nischen am Rand der Erpeler Lei war leichte deutsche Flak in Stellung.

Weitere ehemalige Flak-Stellungen am Rand des Erpeler Lei Plateaus, die am 7. März beim Einmarsch der Amerikaner nicht mehr besetzt waren.

Im Wald nordostwärts des Erpler Lei Plateaus befinden sich viele Trichter schwerer amerikanischer bzw. deutscher Bomben, die für die Ludendorff-Eisenbahnbrücke bestimmt waren. Ab dem 8. März 1945 hat die Deutsche Luftwaffe alle Anstrengungen unternommen, um mit Ju 87, Focke-Wulf 190, Arado 234 und Me 262 die Brücke zu zerstören. Aufgrund des sehr starken amerikanischen Fliegerabwehrfeuers waren die deutschen Kampfpiloten nicht in der Lage, beim Bombenwurf genau zu zielen. Die Verlustrate war sehr hoch.

Munitionsfund am alten Rathaus in Unkel

Im Jahre 2002 sollte im Blumenbeet vor dem alten Rathaus von Unkel am Rhein eine Gedenktafel für den 1992 verstorbenen Alt-Bundeskanzler Willy Brandt, der ab 1979 in Unkel wohnte, aufgestellt werden. Bei den Ausschachtungen für das Fundament stießen Mitarbeiter des städtischen Bauhofes überraschend auf Munitionskisten aus Holz.

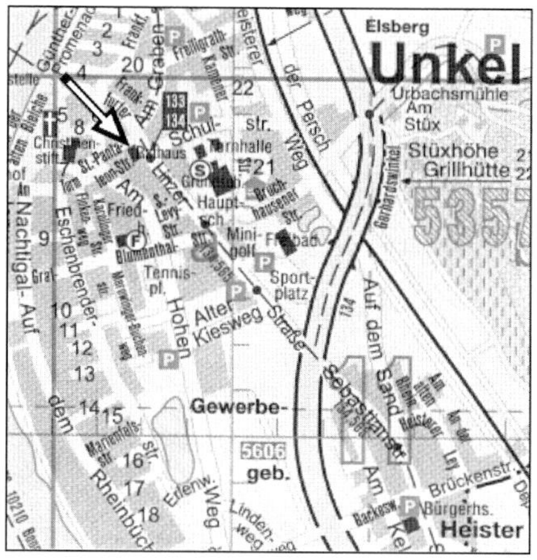

Der herbeigerufene Kampfmittelräumdienst aus Koblenz hat dann mehrere gefüllte Magazine für eine deutsche 2 cm Flak geborgen. Darüber hinaus fanden die Spezialisten mit ihrer Metallsonde auch Panzerfäuste und andere Munition.

Diese brisante Hinterlassenschaft dürfte am 8. März 1945, als die Amerikaner von ihrem Brückenkopf an der Ludendorff-Brücke nach Norden vorrückten, dort in einem zur Verteidigung angelegten Schützenloch verscharrt worden sein. Die der Flak angehörige Truppe, die dort eingesetzt war, hatte sich beim Nähern der Amerikaner kampflos und nach Zeitzeugenbericht unter Zurücklassung eines 2 cm Flakgeschützes, welches unbrauchbar gemacht worden war, zurückgezogen.

Durch die widerstandslose Besetzung Unkels wurde das Rheinstädtchen von weiteren Kämpfen bewahrt, wie sie auf der Höhe noch mehrere Tage sehr heftig stattfanden.

Quelle:
Archiv und Fotos von Bernhard Gelderblom, Unkel

Der Kampfmittelräumdienst bei der Bergung der Munition, die Bauarbeiter bei Ausschachtungsarbeiten gefunden haben.

Mitarbeiter der Gruppe Koblenz vom Kampfmittelräumdienst graben im Vorgarten des alten Rathauses von Unkel nach Flak-Munition.

Ein Teil des Fundes waren diese gefüllten Magazine mit 2cm-Flak-Munition

Das Kriegsgefangenenlager „Goldene Meile“

Bereits im April 1945 nahmen die Westalliierten mehr als 500.000 deutsche Soldaten gefangen. Allein im sogenannten Ruhrkessel gingen über 325.000 diesen Weg. Aufgrund der großen Zahlen waren die Amerikaner und Briten gezwungen, diese Massen in primitivsten Massenlagern unter freiem Himmel festzuhalten. Im Linksrheinischen wurden die berüchtigten „Rheinwiesenlager“ angelegt. Eines davon war in der Goldenen Meile zwischen Remagen und Niederbreisig.

Ende Mai hatten die Westmächte 7,6 Millionen Kriegsgefangene auf dem europäischen Kriegsschauplatz, die Amerikaner davon 3,4 Millionen in Gewahrsam. Ihr logistisches Problem bestand darin, 2 Millionen eigene Soldaten und die Millionen deutscher Kriegsgefangenen zu versorgen.

Die „Goldene Meile“ war Mitte April nur als Durchgangslager eröffnet worden. Hier wurden besondere Personenkreise wie z.B. Landwirte, Eisenbahner und Kindersoldaten erfasst und früh entlassen. Die maximale Belegung soll bei 260.000 Insassen gelegen haben. Insgesamt sollen etwa 1,5 Millionen durch das Lager geschleust worden sein. Durch Unterernährung, Krankheiten und schlechte Wetterbedingungen starben etwa 1200 Gefangene in diesem Lager, davon 530 im lagereigenen Lazarett. Die Verstorbenen sind auf dem Soldatenfriedhof

Panoramablick auf den Nordteil des Kriegsgefangenenlagers zwischen der Ahr und dem Rheinstädtchen Remagen. Rechts im Hintergrund die Erpeler Lei und der Drachenfels. Rechts im Vordergrund das Lazarett-Zeltlager. Fotos: US Air Force und US Signal Corps

Die Fotos zeigen das Elend deutscher Kriegsgefangener im Rheinwiesenlager "Goldene Meile" zwischen Remagen und Niederbreisig.

Bild oben: Der Nordteil des Lagers von Norden fotografiert. Links oben die Ahr und Teile von Sinzig.
Foto: US Air Force

Bild links: Dieses Gebäude war damals im Nordteil des Lagers gelegen und ist oben durch einen Pfeil markiert

am Ahrufer bei Bad Bodendorf bestattet worden.

Das Lager war unterteilt in zwei Teile, den Nord- und Südteil. Es gab Lagerlazarette in Zelten, einen Frauenteil und außerhalb der Zäune am Rhein drei Wasserentnahmestellen. Die Amerikaner pumpten das Rheinwasser in große Tanks und chlorten es stark, damit es getrunken werden konnte. Trinkwasser war ebenso rationiert wie Lebensmittel.

Am 10. Juli 1945 ging das Lager in die Regie der neuen Besatzungsmacht Frankreich über.

Die Franzosen ließen den Rest der Gefangenen ins Lager bei Andernach marschieren. Von dort wurden nicht wenige nach Frankreich deportiert und kamen erst 1947 nach Hause.

An die Leiden der Lagerinsassen und die Todesopfer erinnert die Kapelle mit der „Schwarzen Madonna“ zwischen Remagen-Kripp. Alljährlich gibt es dort ein Treffen der noch lebenden ehemaligen Lagerinsassen.

Text am Gedenkkreuz bei der Kapelle der Schwarzen Madonna

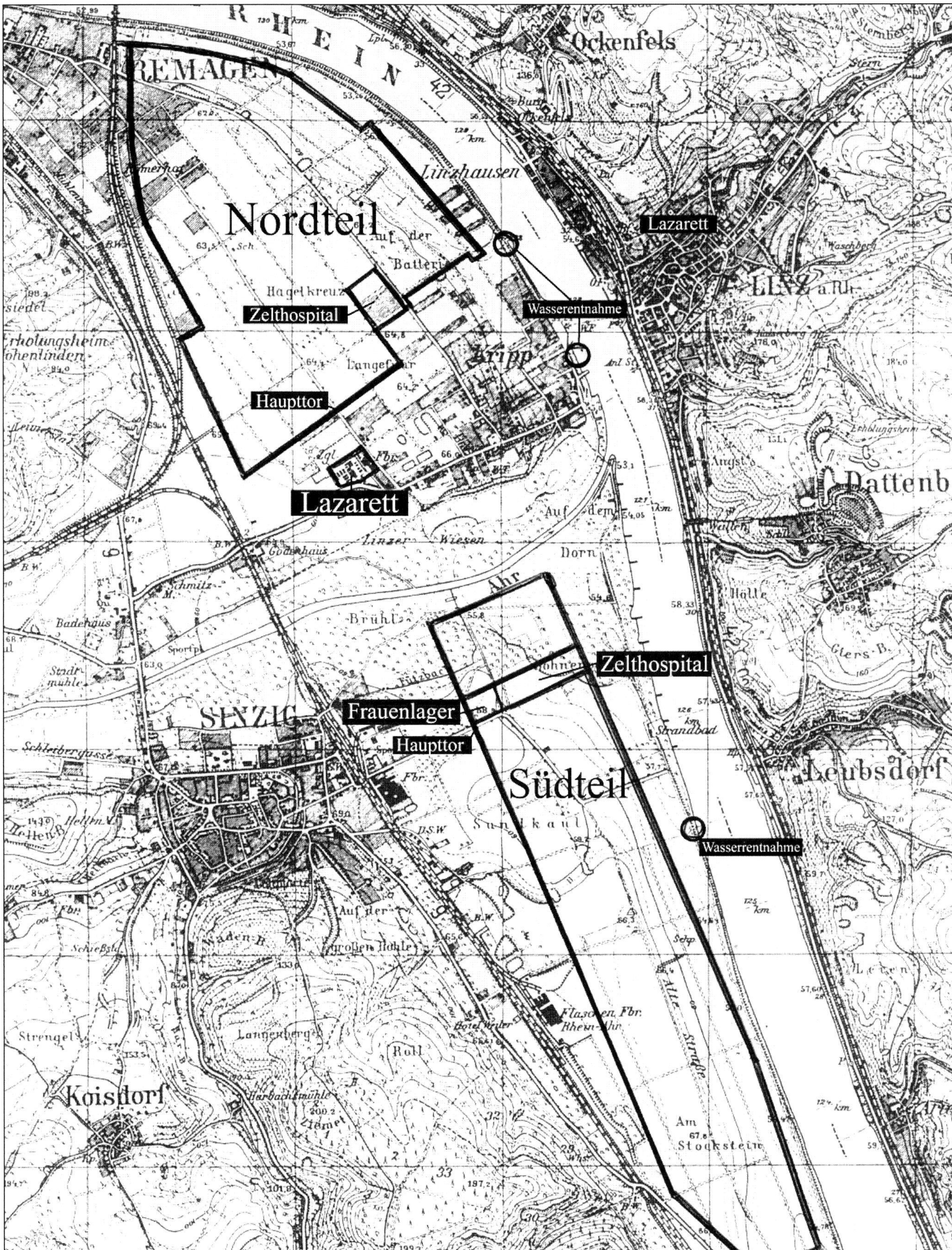

Quelle: Gückelhorn: Das Ende am Rhein

Die "Goldene Meile" von der Erpeler Lei aus gesehen. Der Pfeil zeigt den Standort der Kapelle mit der Schwarzen Madonna.

Die Schwarze Madonna, von Lagerinsassen aus dem Lehm der "Goldenen Meile" geformt.

Hier befand sich von April bis Spätsommer 1945 ein riesiges Kriegsgefangenenlager der Amerikaner, das am 11.07.1945 die Fanzosen übernahmen.
Die Höchstbelegung wird mit 135.000 Gefangenen angegeben, während man den Gesamtdurchgang auf ca. 270.000 Landser schätzt.
Mehr als 1200 deutsche Soldaten starben an Unterernährung und der grassierenden Ruhr.
Diese Gedenkstätte soll an das Schreckenslager erinnern und zum Frieden in der Welt aufrufen.
Frührere Fehler dürfen nicht wiederholt werden. Vergeltung ist keine Liebe und Hass kein Boden, auf dem der Frieden gedeihen kann.
(Text in der Bodenplatte rechts unten)

Der Soldatenfriedhof bei Bad Bodendorf

Auf diesem Ehrenfriedhof sind 1247 verstorbene Soldaten bestattet worden. Die weitaus meisten von ihnen sind im Kriegsgefangenenlager „Goldene Meile“ zwischen Remagen und Niederbreisig an Krankheiten, Unterernährung und Erschöpfung verstorben. Davon sind 530 im Lagerlazarett, in dem rund 13.000 Menschen behandelt worden sind, zu Tode gekommen.

Hinzu kamen die Unglücklichen, die bei der Flucht aus dem Lager erschossen worden sind. Einige sind durch Einsturz ihres Erdloches erstickt oder bei Verrichten der Notdurft wegen Erschöpfung in die Fäkaliengrube gefallen.

Auf diesem Friedhof findet jährlich am Totensonntag die zentrale Gedenkfeier des Landkreises Ahrweiler für die Opfer von Krieg und Gewaltherrschaft statt.

Der Pfeil zeigt die Lage des Ehrenfriedhofes am Nordufer der Ahr bei Bad Bodendorf.
Quelle: LVG

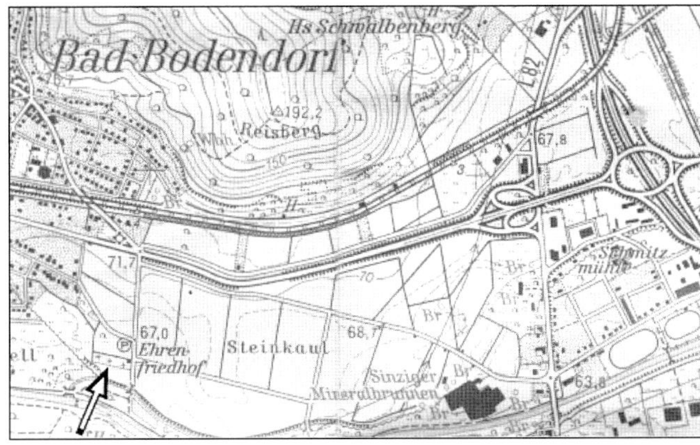

links: Inschrift an der Friedhofskapelle

Fotoimpressionen des Ehrenfriedhofes Bad Bodendorf

Luftangriffe auf den Großraum Remagen und ihre Folgen

Im letzten Kriegsjahr wurden die Verkehrswege im Hinterland der Westfront bevorzugtes Ziel alliierter Luftangriffe. Die Eisenbahnbrücken bei Remagen über den Rhein und bei Sinzig über die Ahr waren im Zeitraum vom 27. September 1944 bis zum 03. März 1945 das Ziel von ca. 36 Angriffen. Die amerikanische Luftwaffe setzte dazu die Bomber vom Typ A 26 – Invader, B 26 – Marauder, B 17 – Flying Fortress und B 24 – Liberator ein. Jagdbomberangriffe wurden von den Typen P 38 – Lightning, P 47 – Thunderbolt und P 51 – Mustang geflogen. Mehrmals wurden die Eisenbahnbrücken beschädigt und zerstört, konnten aber von deutschen Pionieren und Bautrupps immer wieder instandgesetzt werden.

Noch 60 Jahre nach dem Krieg liegen Bombenblindgänger im Boden. Deshalb muss die Räumgruppe Koblenz des Kampfmittelräumdienstes Rheinland-Pfalz regelmäßig mit ihren Sonden vor Baumaßnahmen in dieser Region suchen, ob eine Blindgängergefahr droht.

Quelle und Fotos: Dietmar Schmid, KMRD Koblenz

Am 18. Februar 2004 wurde die 906kg (2000 lbs)-Bombe südlich der ehemaligen Eisenbahnbrücke von Remagen gefunden und entschärft.

Quelle: LVG

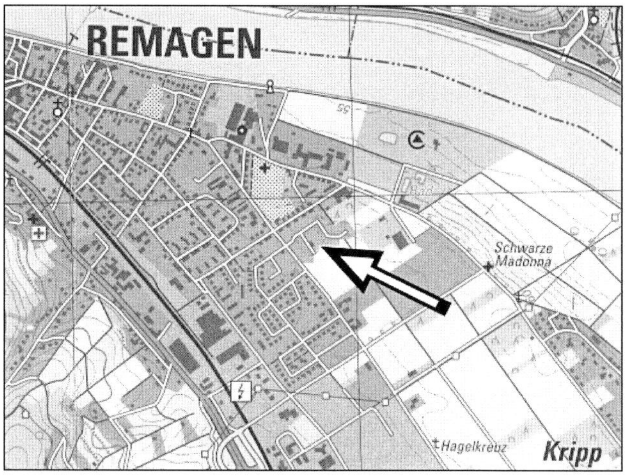

Der Blindgänger - eine 2000 lb GP - ist freigelegt, damit die Experten des Kampfmittelräumdienstes Kopf- und Bodenzünder entfernen konnten. Die Bombe hatte sich vier Meter tief in den Boden der "Goldenen Meile" gebohrt.

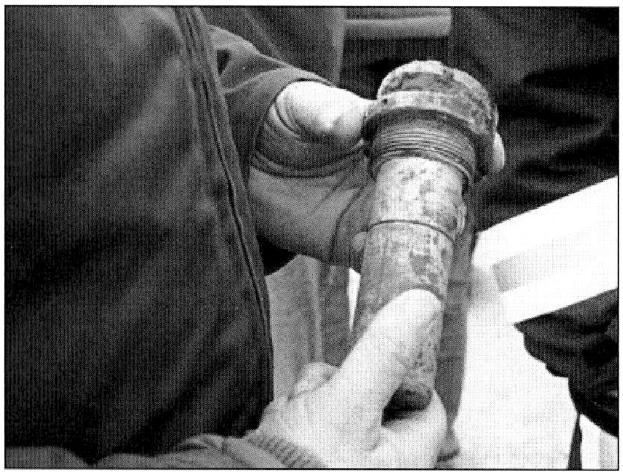

Einer der beiden Zünder, hier ein AN-M 103, ist entfernt.

Bild rechts: Frank Bender vom KMRD Koblenz hat den nun gefahrlosen Bombenkörper zum Abtransport auf einer Palette festgezurrt.

Fliegerabwehrstellungen bei Koblenz

Bei Zunahme der alliierten Bombenangriffe auf das Reichsgebiet wurde allen Städten ein Fla-Schutz gegeben. Damit sollten die Bevölkerung, die Bausubstanz, Industrie- und Verkehrsinfrastruktur wirksam geschützt werden.

Herrmann Göring als Oberbefehlshaber der Großdeutschen Luftwaffe hatte ergebnislos vor Kriegsbeginn sinngemäß den Satz gesprochen: „... *wenn je ein feindliches Flugzeug Deutschland angreifen würde, wolle er Meier heißen!*"

Also wurde versucht, die lebenswichtigen Zentren und Verkehrswege in Deutschland zu schützen. Im September 1944 verfügte die Heimatflakwaffe über 2.170 schwere und 1.311 leichte Batterien. 660.000 Fla-Soldaten, 450.000 Männer und Frauen als Hilfspersonal, davon gut 98.000 ausländische Kombattanten, bedienten diese Geschütze aber auch Fla-Scheinwerfer, Horchgeräte und Funkmessgeräte (Radar).

Die Stadt Koblenz als Verkehrsknotenpunkt und Garnisonsstadt mit Rüstungsbetrieben hatte im Winter 1944/45 einen starken Fla-Schutz. Die Aufklärungs- bzw. Feindnachrichtenabteilung des Oberbefehlshabers der Westalliierten (G2 SHAEF) hat im Dezember 1944 eine Karte im Maßstab 1:25000 in dritter Ausgabe drucken lassen, auf der alle erkannten Verteidigungsanlagen im Großraum Koblenz verzeichnet sind. Die amerikanische Luftaufklärung hat regelmäßig vor und nach Bombenangriffen Fotos geschossen, die nicht nur die Wirkungen des Bombardements zeigten, sondern auch die Großbatterien der Heimatflak.

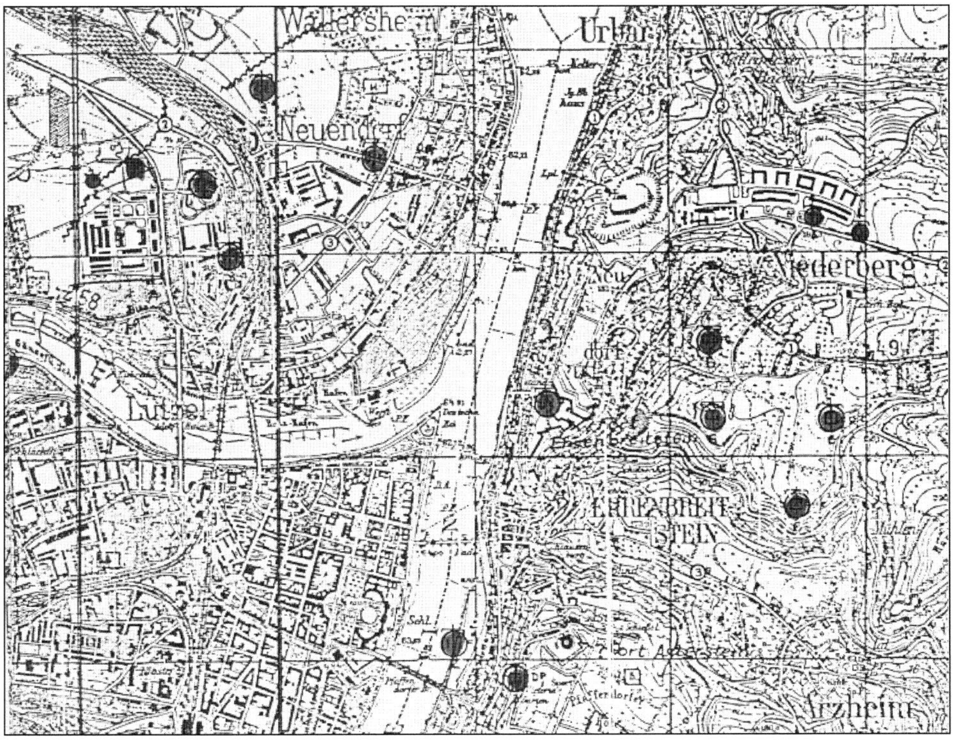

US-Karte im Maßstab 1:25000 von Ende 1944 für die Bomberpiloten. Die markierten Punkte stellen Flak-Stellungen rund um Koblenz dar. Quelle: US Air Force

Beide Fotos zeigen 8,8cm-Flak in offenen Feldstellungen mit Munitionsnischen. Auf dem Foto rechts sind jugendliche Flakhelfer während einer Gefechtspause in der Heimat-Luftverteidigung.

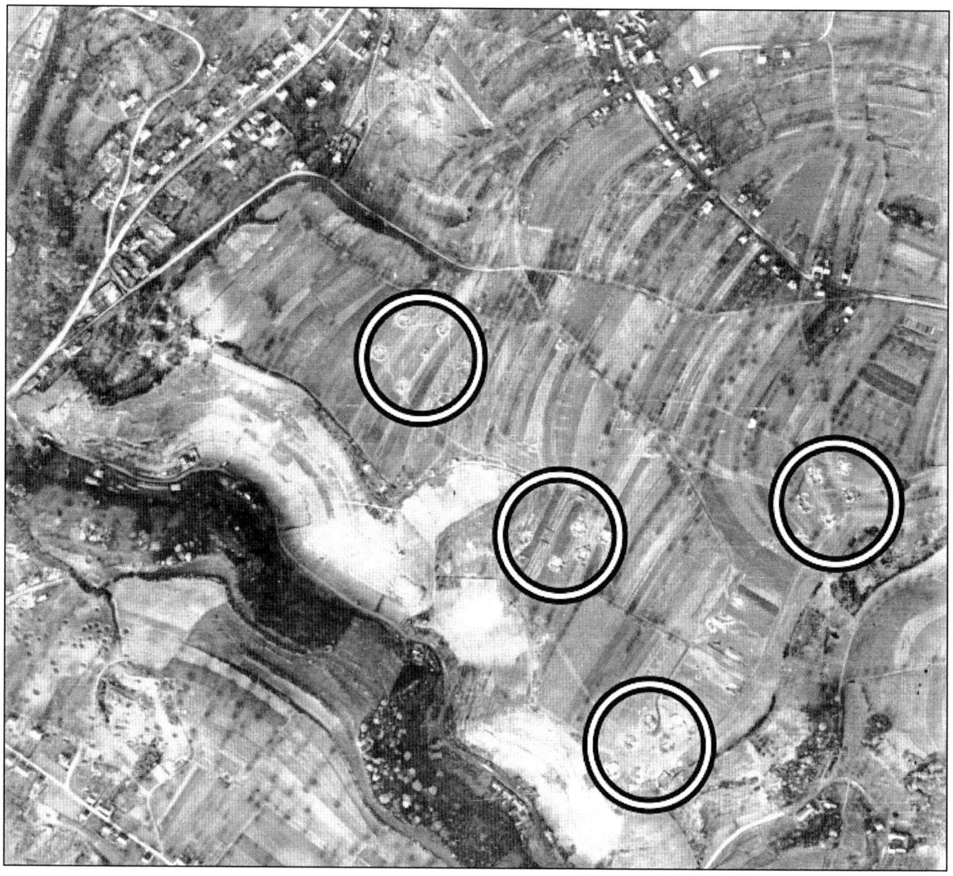

Auf einem amerikanischen Luftfoto vom 19. November 1944 ist die freie Höhe zwischen Koblenz-Niederberg im Norden und dem Mühlental im Süden zu sehen: Vier Großbatterien mit jeweils sechs Kanonen und einem zentralen Kommandogerät befanden sich dort in Stellung. Foto: US Air Force

8,8cm-Flak mit Splitterschutzwall und Munitionsboxen

Kommandogerät mit Entfernungsmesser für eine schwere Falk-Batterie

Dieser Unteroffizier erfasst mit seinem Doppelfernrohr ein Luftziel. Im Hintergrund eine 8,8cm Flak in Feldstellung

Für den 9. März 1945, als die Spitzen der 4. US-Panzerdivision bereits am Neuendorfer Eck standen, meldete das Kriegstagebuch des Luftgaukommando XIV / Wiesbaden als Stärke der Flakgruppe Koblenz:

Diese Eintragungen beweisen die Stärke des Flakschutzes von Koblenz.

Einige der Ringbettungen der schweren Flakbatterien südlich von Niederberg sind noch erhalten.

a) Rohre rechtsrheinischer Einsatz	2 cm Flak	= 81
	3,7 cm	= 26
	8,8 cm	= 16
	8,8 cm / 41	= 4
	10,5 cm	= 27
	12,8 cm	= 4
b) Rohre linksrheinischer Einsatz	8,8 cm	= 34
	8,8 cm / 41	= 7

Zu den linksrheinisch eingesetzten Batterien besteht keine Verbindung mehr, da die 3 Brücken gesprengt worden sind.
Nach Mitteilung des Adjutanten der Flakgruppe Koblenz sind noch 10 Geschütze 8,8 cm Flak von linksrheinischen Einsatzorten (nach) rechtsrheinisch überführt worden.

Quellen:
BA-MA, Freiburg, RL 19-510-518, KTB LuftGauKdo XIV
Das große Buch der Flak, 2003

Foto rechts unten: 12,8cm-Flak in offener Feldstellung

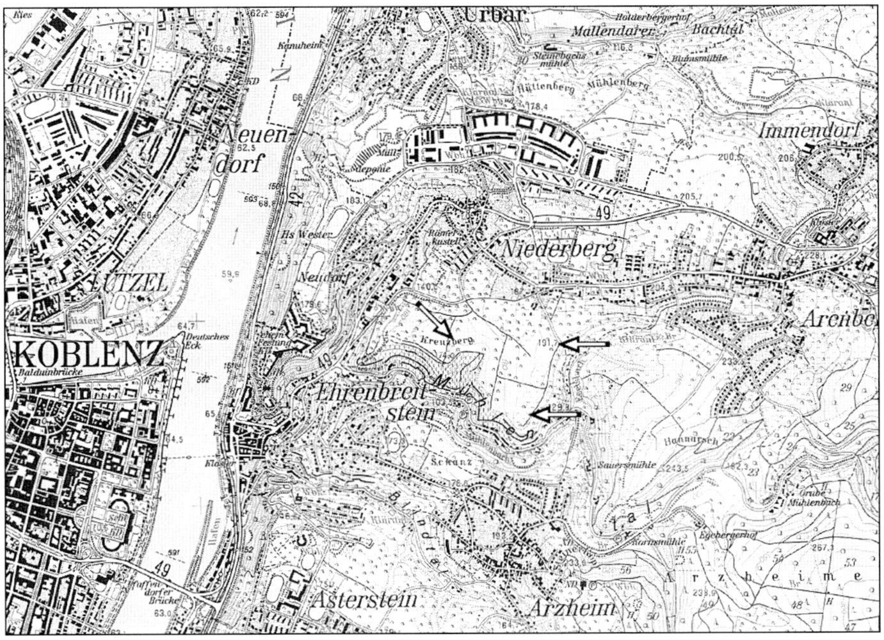

Hier sind die noch erhalten gebliebenen Rest der Großbatterien südlich von Koblenz-Niederberg markiert Quelle: LVG

Foto oben zeigt gemauerte Munitionsnische der Ringbettung vom Foto unten. Die ehemalige Flak-Stellung wird vom Grundstückseigentümer zur Ablagerung von Grünschnitt genutzt.
Foto Mitte links: zeigt die gleiche Grube von Osten aus gesehen.
Alle Fotos dieser Seite sind am Geländepunkt - Pfeil rechts oben auf der Karte - aufgenommen.

Die Fotos oben zeigen die zugewachsenen beiden anderen Ringbettungen dieser Batterie, die noch erhalten geblieben sind.

Reste einer Flak-Stellung auf der Karte der Vorseite Pfeil links oben

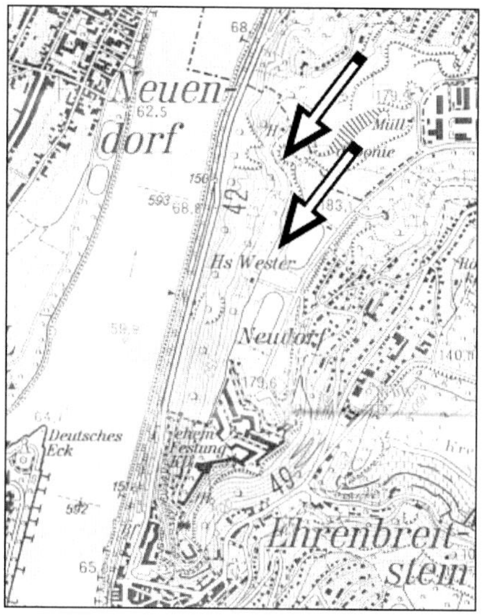

In der Karte sind Bunkerreste markiert, deren Nutzung bisher unbekannt ist. Das Foto rechts zeigt den gesprengten Bunker am Geländepunkt des oberen Pfeils

Karte: LVG

Auf den Fotos unten sind die gesprengten Reste einer Bunkergruppe am Geländepunkt des unteren Pfeils.

Flugwachen und Luftraumbeobachter

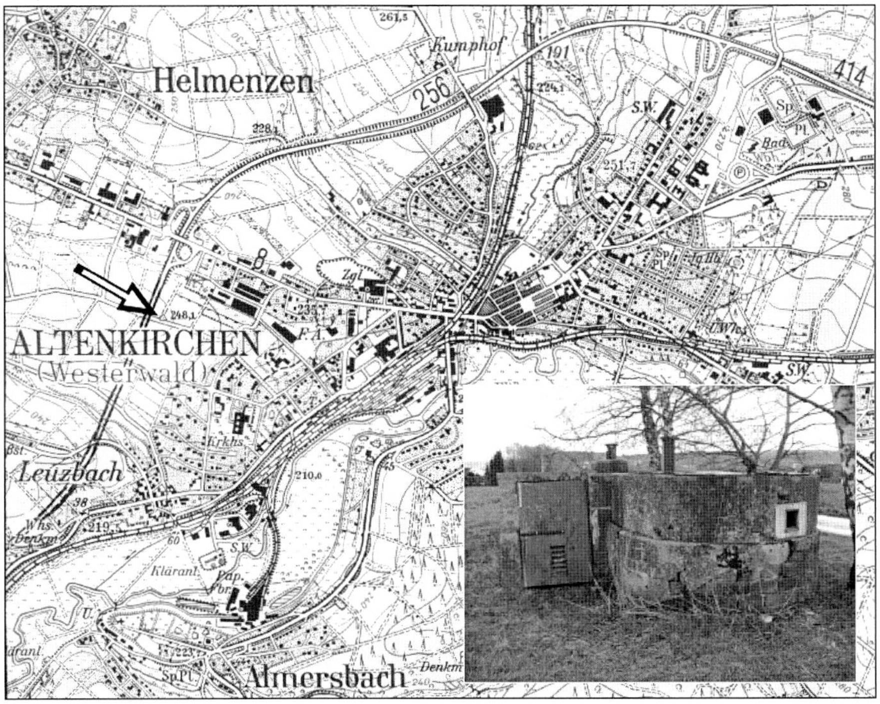

Um nicht von feindlichen Luftangriffen überrascht zu werden, wurden bereits ab Kriegsbeginn sogenannte Flugwachen eingerichtet. Es handelte sich dabei um Beobachtungsstellen mit Fernmeldeanschluss. Sie lagen an Geländepunkten mit freiem und weitem Rundumblick ins Gelände. Manchmal wurde der Ort baulich so eingerichtet, dass die Luftraumbeobachter nicht nur gegen Witterungseinflüsse, sondern auch gegen Fliegerangriffe geschützt waren.

Eine solche Flugwache war nahe der B 256, westlich von Altenkirchen am Höhenpunkt 248 mit einer Wohnmöglichkeit für die Besatzung.

Quelle Manfred Herrmann

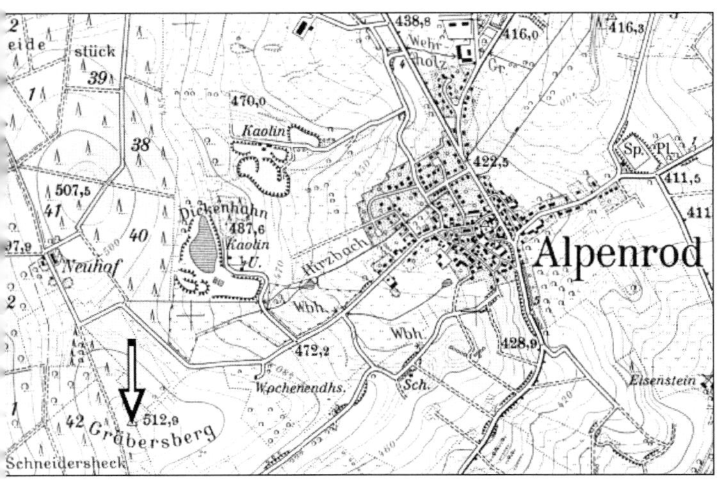

Karte und Foto oben: Die ehemalige Flugwache Altenkirchen.

Foto rechts: Der Holzturm für Luftraumbeobachter auf dem Gräbersberg westlich von Alpenrod

Foto rechts unten zeigt den Sendemast mit Aussichtsplattform heute am gleichen Standort

Ein Beispiel für andere Beobachtungsposten ist der Gräbersberg, 1200 Meter westsüdwestlich von Alpenrod im Westerwald. Dort stand ein hoher Holzturm, auf dem Luftraumbeobachter der 3. Batterie der Artillerie-Abteilung 836 von Anfang Dezember 1944 bis Mitte März 1945 ständig den Luftraum beobachteten. Sie mussten sicherstellen, dass keine V 2 bei Gehlert und Kirburg gestartet wurden, während amerikanische Jagdbomber im dortigen Luftraum kreisten. Mit Feldtelefon standen die Beobachter ständig mit den Zugführern der Batterien in Verbindung und verhinderten erfolgreich, dass je ein V2-Start gestört, bzw. eine Feuerstellung entdeckt wurde.

Den Holzturm gibt es nicht mehr, aber an seiner Stelle steht heute ein Fernmeldeturm, dessen Aussichtsplattform man besteigen kann. Von dort hat man bei guter Sicht einen einmaligen Panoramablick: u.a. den Feldberg im Taunus, den Köppel bei Montabaur, den Kühkopf bei Koblenz, die Hohe Acht in der Eifel und das Siebengebirge vor Bonn.

Funkmessstellung bei Niederelbert / Westerwald

Zur Ortung und Zielzuteilung für die Jagdflugzeuge betrieb die Luftwaffe ab 1942 Funkmessgeräte (Radar) an der Westgrenze. Zum Einsatz kamen Geräte verschiedener Typen. Die deutsche Funkmess-Technik war noch nicht ausgereift und arbeitete anfangs nur auf einer Frequenz. Weil die Alliierten mit einem Kommandounternehmen deutsche Geräte erbeuten und analysieren konnten, war ihnen das Stören mit aus Flugzeugen abgeworfenen Aluminiumstreifen möglich.

Im Bereich des *Jagdabschnittsführers Mittelrhein* führte das Luftnachrichten-Regiment 233 viele Funkmessstellungen, so auch die mit dem Decknamen *ELSTER*, die bei Niederelbert auf der Höhe „Hähnchen“ stand. Die 13. mittlere Flugmess-Leit-Kompanie / LNReg 233 suchte dort mit zwei *Würzburg*- und einem *Freya-Gerät* den Luftraum nach feindlichen Flugzeugen ab. Neben den Soldaten waren auch Nachrichtenhelferinnen eingesetzt. Die Personalstärke betrug etwa 120 Mann und Luftwaffen-Nachrichtenhelferinnen, sogenannten „Blitzmädchen“. Diese lasen die Werte an den Geräten ab und werteten sie aus. Ab Mitte 1943 wurden die Blitzmädchen durch „Arbeitsmaiden“ abgelöst.

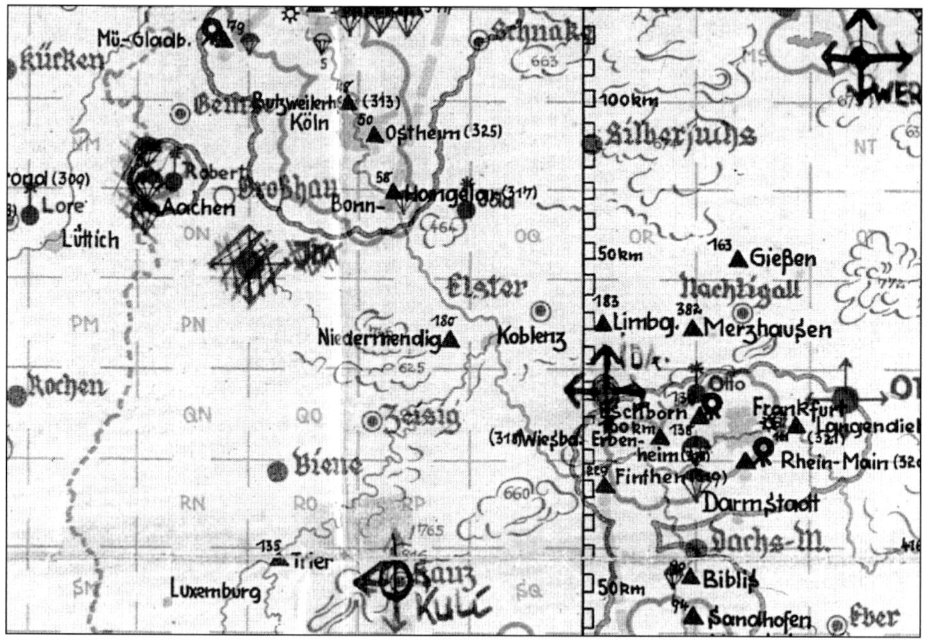

Die hier beschriebene Funkmessstellung "Elster" befindet sich in der Kartenmitte

Quelle: Bodenorganisation Großraum Nacht-Jagd/Luftflotte Reich, August 1944, herausgegeben vom Luftflottenkommando Reich/Fü.-Abt.(Ia Nav)

Die Station wurde am 26. März 1945 – kurz vor dem Einmarsch der Amerikaner – von den deutschen Soldaten gesprengt und verlassen. Die Baracken wurden von der Bevölkerung abgebaut, das Inventar „requiriert“. Kinder aus den umliegenden Dörfern spielten noch lange an den Würzburg-Geräten Karussell.

Heute zeugen die Fundamente der Unterkunftsbaracken am Südhang des Hähnchens, direkt neben der Zufahrt zum Hundesportplatzes von den Aktivitäten. Dort, wo heute das Klubhaus des Schäferhundvereins steht, war damals der Wasserhochbehälter für das Barackenlager. Westlich davon sind im Gestrüpp die Standorte für die Funkmessgeräte zu erkennen.

Quellen: Niederelbert - Texte und Bilder im Spiegel der Zeit. Zusammengestellt von H. J. Hucke, herausgegeben von der Ortsgemeinde Niederelbert 1995 und Manfred Herrmann

Foto links: Das Freya-Gerät. Foto oben: Würzburg-Gerät

Westerwaldhistoriker Manfred Herrmann an den Resten der Barackenfundamente aus Beton. Als kleiner Junge hat Herrmann in diesem Areal gespielt.

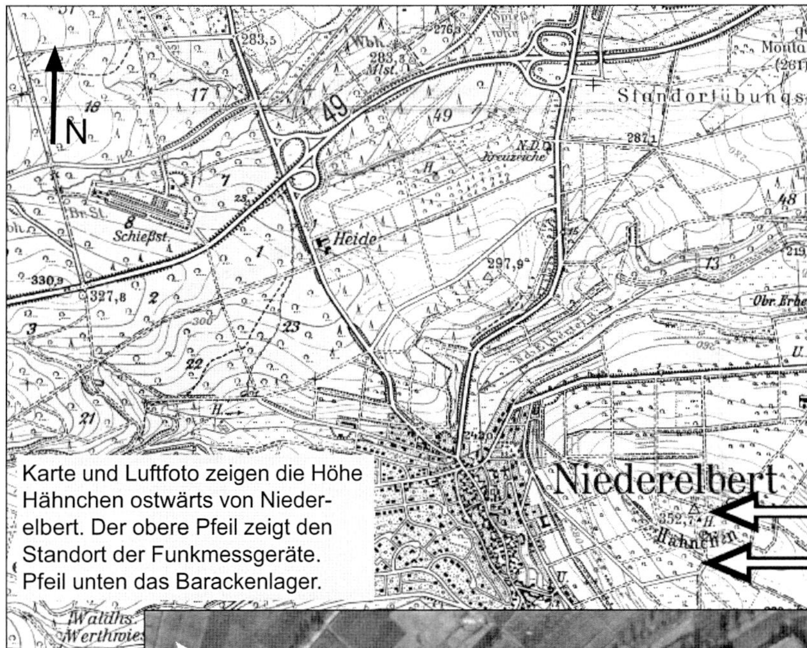

Karte und Luftfoto zeigen die Höhe Hähnchen ostwärts von Niederelbert. Der obere Pfeil zeigt den Standort der Funkmessgeräte. Pfeil unten das Barackenlager.

Quelle: LVG und US Air Force

Die Fotos links und unten zeigen die Reste der Barackenfundamente

Zwei schwere Flakbatterien verschwinden von der Landkarte

Mit diesem Beispiel möchte ich aufzeigen, wie nach dem Kriegsende die Hinterlassenschaften der Kampfhandlungen und Einrichtungen beseitigt worden sind.

Viele größere Städte, Industrien und strategisch wichtige Punkte hatten schon zu Kriegsbeginn Flakschutz.

Mit der zunehmenden Bedrohung aus der Luft wuchs die Notwendigkeit einer Verstärkung der Luftabwehr. Insbesondere 1943 wurden zahlreiche, hauptsächlich schwere Flak-Batterien, meist des Kalibers 8,8 cm aber auch 10,5 cm und 12,8 cm neu in Stellung gebracht. Darüber hinaus wurde die Anzahl der Rohre je Batterie von 4 auf 6 erhöht.

Dies ist auch im Großraum Köln sehr gut zu beobachten gewesen. Zur Sicherung des Personalbedarfes und zum Ausgleich der Verluste an den Fronten wurden ab Frühjahr 1943 Schüler von mittleren und höheren Lehranstalten der jeweiligen Umgebung zum Dienst als Luftwaffenhelfer herangezogen. Dies geschah unter Beibehaltung des Klassenverbandes und eines – allerdings reduzierten – Schulunterrichtes.

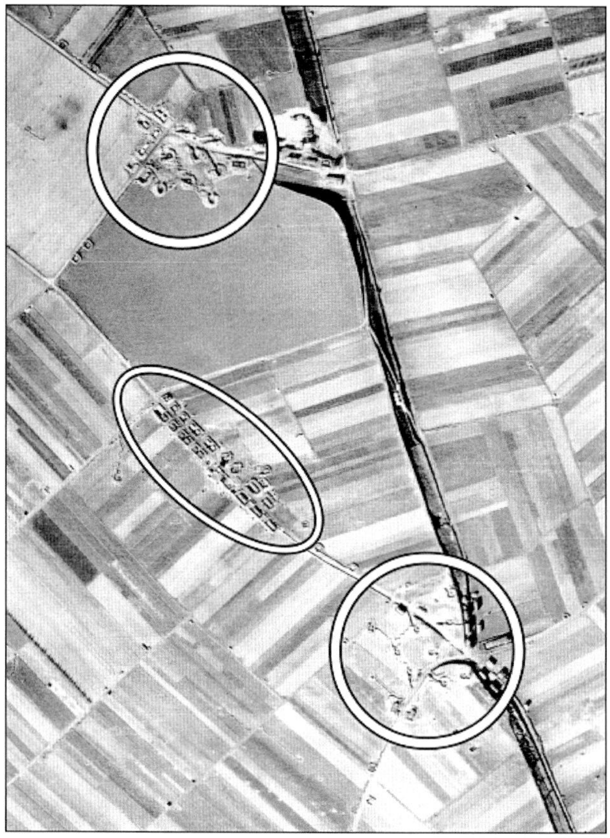

US-Luftfoto von den beiden schweren Flak-Batterien (Kreise) und dem Barackenlager (Elipse) an der Straße zwischen Bornheim und Sechtem. Foto: US Air Force

Neben vielen anderen Stellen waren auch zwischen Bornheim und Sechtem zwei 8,8 cm Batterien zum Schutz der Hydrierwerke Wesseling in Stellung gebracht worden. Einer der beteiligten Luftwaffenhelfer hat mir eine Lageplanskizze des Stellungsbereiches überlassen und seine Erlebnisse erzählt.

Es handelte sich um die 2. und 3. Batterie der Flakabteilung 245, der „Großbatterie Bornheim". Die Geschütze hatten Ringbettungen aus Holz mit Erdwällen, waren auf Betonsockeln fest montiert und die Unterkunftsbaracken waren ins Erdreich tiefer gelegt und umwallt.

Jede Batterie verfügte über ein Kommandogerät mit Vorrichtungen zur optischen Zielerfassung und einem elektromechanischen Rechner zur Ermittlung der Schiesswerte. In einem Bunker war die sogenannte Umwertung untergebracht, in der u.a. Fremdwerte anderer Batterien auf den eigenen Standort umgewertet wurden.

Die Zielerfassung mit Radar erfolgte durch die sogenannten „Würzburg"-Geräte. Hiervon waren zeitweise 2 Stück installiert. Bei der Zielführung konnte so ein Gerät die Suche nach weiteren Zielen fortsetzen.

Fünf Volksmusiker unterhalten die jungen Flak-Helfer in der Stellung Bornheim-Sechtem mit Musik. Links hinten ein Würzburg-Gerät.

Die größte Genauigkeit bei der Zielführung gab es bei der Kombination der optischen Werte für die Seite und Höhe und der radarermittelten Entfernungswerte. Die errechneten Schiesswerte wurden elektrisch zu den Geschützen übertragen und mit Hilfe eines Folgezeigersystems von Hand eingestellt.

Im Jahre 1943 ist die Großbatterie an 75 Tagen mit Feindtätigkeit zum Schuss gekommen und hat 16.129 Granaten verfeuert. Dabei war man an 10 Abschüssen beteiligt (mit Nachbarbatterien) und hatte 6 eigene Abschüsse.

Im Spätherbst 1944 erfolgte der Ausbau zur Erdverteidigung. Zahlreiche Schützengräben wurden um die Stellung gezogen und ein Panzererkennungsunterricht abgehalten.

Beide Batterien der Großbatterie Bornheim kamen jedoch anderswo noch zum Erdeinsatz, wobei die 2./245 an der Oderfront vernichtet worden ist.

Weil der Stellungsraum zwischen Bornheim und Sechtem im landwirtschaftlich genutzten Gelände lag, wurden alle Erdbewegungen und Verschanzungen nach dem Kriege einplaniert. Jedenfalls sind Anfang 2007 keinerlei Spuren der ehemaligen Flakstellung mehr vorhanden.

Quellen:
Bernhard Gelderblom,
ehem. Luftwaffenhelfer
bei Bornheim, Unkel
„Die Kölner Flugabwehr im zweiten Weltkrieg
und ihre Schülersoldaten“,
3 Teile in den Jahrbüchern für Geschichte
und Landeskunde
Rechtsrheinisches Köln,
Bände Nr. 19, 20 und 21 von Gebhard Aders.

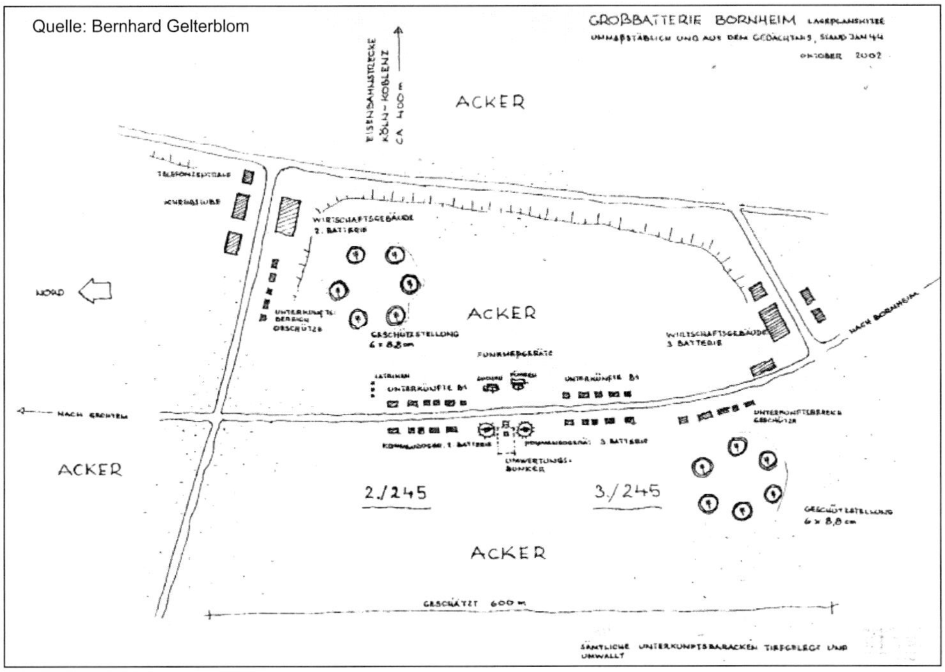

Die Unterkunftsbaracken stehen etwa 1 Meter unterhalb der Erdoberfläche und sind mit Schutzwällen umgeben.

Zwei Freya-Geräte zur Zielerfassung und Verfolgung

8,8cm-Flaks in offener Feldstellung im Objektschutz

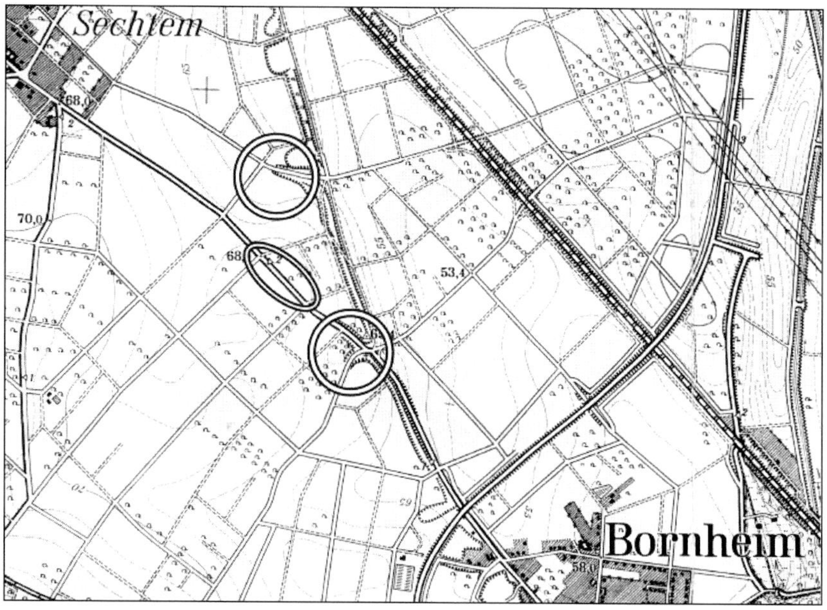

Das offene Gelände zwischen Bornheim und Sechtem mit dem damaligen Standorten der beiden Großbatterien (Kreise) und dem UnterkunftsBarackenlager (Elipse). Heute sind keinerlei Spuren mehr von dieser Großanlage vorhanden. Quelle: LVA

Zeitzeuge Bernhard Gelderblom in der Uniform des Luftwaffenhelfers

Blick vom Standort des Barackenlagers nach Norden über das nördliche Batteriegelände zur Raffinerie bei Wesseling, dem zu schützenden Objekt

Foto unten: Auf diesem Geländestück stand damals die 3. Batterie der Flakabteilung 245

Foto links: Verbindungsstraße von Bornheim nach Sechtem mit diesem Dorf im Hintergrund. Aufgenommen vom Standort der Funkmessgeräte

Feldflugplätze der deutschen Luftwaffe

Zusammen mit den motorisierten bzw. gepanzerten Kräften des Heeres war die deutsche Luftwaffe anfangs des Krieges Träger der Angriffsoperationen, auch Blitzkriege genannt. Sie gliederte sich in Jagd-, Kampf-, Bomber- und Aufklärungsgeschwader.

Während des Polenfeldzuges war ein Teil der Luftwaffe an der Westgrenze stationiert, um Einflüge der französischen und britischen Luftwaffen zu verhindern. Beide Staaten hatten vertragsgemäß dem Deutschen Reich den Krieg erklärt, als dieses Polen überfallen hatte.

Im Rheinland wurden alte Flugfelder belegt, neue entstanden.

Bereits Ende 1938 waren linksrheinisch in Betrieb, im Bau oder geplant: Kastellaun, Kirchberg, Pferdsfeld, Koblenz-Karthause, Hoppstädten, Kusel und Hennweiler im Hunsrück. In der Eifel waren es Büdesheim, Niedermendig, Niederbreisig, Vettelhoven und Odendorf.

Im Westerwald waren Ailertchen, Lippe, Breitscheid und Eudenbach belegt.

Zu Beginn des Überfalls auf die westlichen Nachbarn entstanden Behelfslandeplätze, teilweise nur für kurze Zeit und mit geringer Belegung.

Quelle: Fliegerhorste und Einsatzhäfen der Luftwaffe, Karl Ries und Wolfgang Dierich, Stuttgart 1996

In dieser Dokumentation werden die Einsatzplätze (auch als Einsatzhäfen bezeichnet), Feldflugplätze und Scheinflugplätze vorgestellt:

Linksrheinisch		
• Niedermendig	Flugplatzgröße	1400 x 700 m
• Niederbreisig		1100 x 50 m
• Birkenhöhe bei Eckfeld		1000 x 50 m
• Ollheim / Straßfeld		3000 x 60 m
Rechtsrheinisch		
• Eudenbach		1000 x 800 m
• Ailertchen		1100 x 500 m
• Lippe (jetzt Siegerland)		1050 x 870 m
• Breitscheid		1100 x 550 m

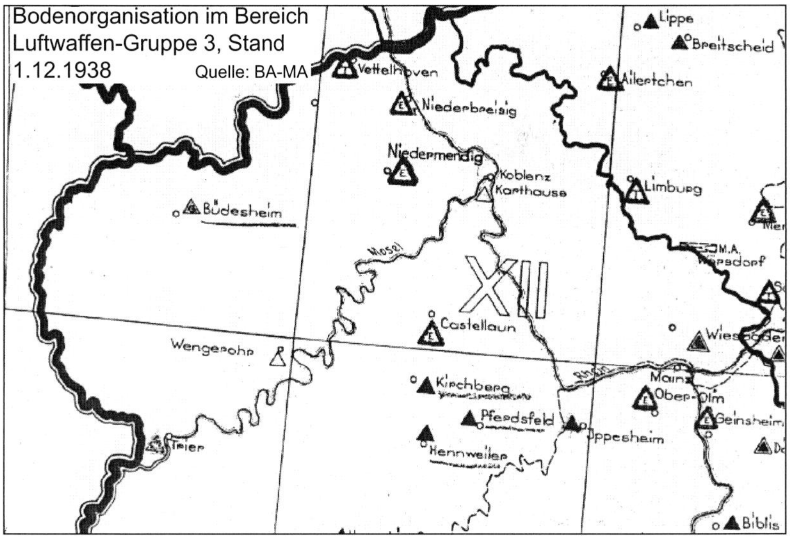

Bodenorganisation im Bereich Luftwaffen-Gruppe 3, Stand 1.12.1938 Quelle: BA-MA

Die militärischen Flugplätze gliederten sich entsprechend der Luftwaffen-Dienstvorschrift 90/1 im Binnenland in:

- Fliegerhorste, auch als Leitfliegerhorste
- Einsatzplätze I. und II. Ordnung
- Feldflugplätze
- Gefechtslandeplätze
- Arbeitsplätze
- Scheinflugplätze

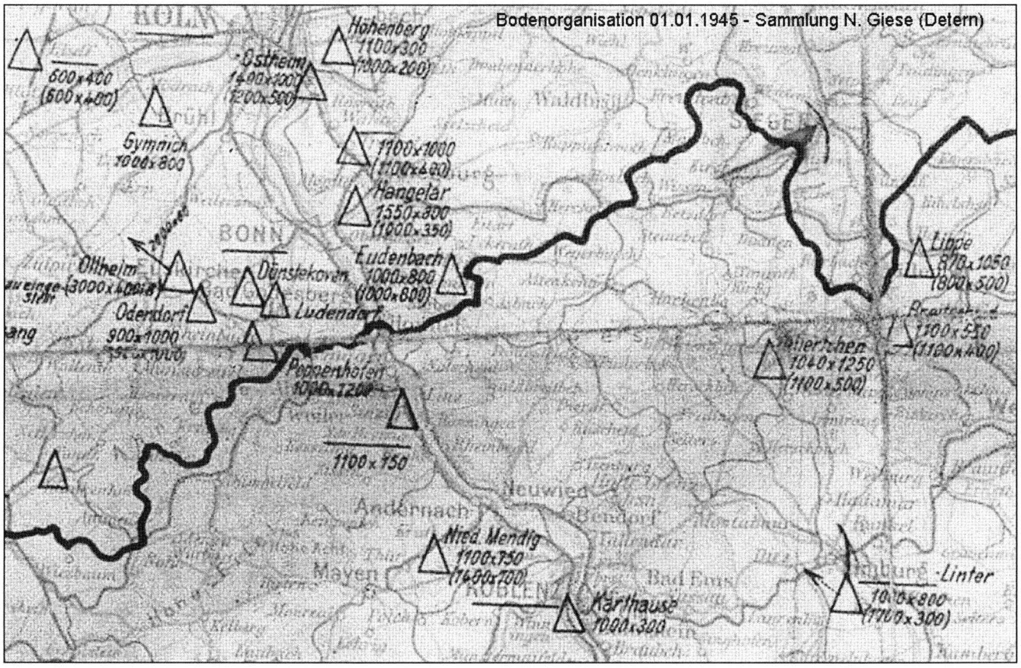

Bodenorganisation 01.01.1945 - Sammlung N. Giese (Detern)

Bodenorganisation der deutschen Luftwaffe vom 1. Januar 1945
Quelle: Sammlung Norbert Giese, Detern

Feldflugplatz auf der Mönchsheide bei Niederbreisig

Im Jahre 1937 kaufte die Reichsumsiedlungsgesellschaft die Hochfläche auf der Mönchsheide von den Bauern und den Ortsgemeinden Nieder- und Oberbreisig. Dann wurde eine befahrbare Verbindungsstraße von Franken bis zum Gutshof gebaut.

Zivile Arbeitskräfte und Angehörige des Reichs-Arbeits-Dienstes (RAD) legten über sogenannte Arbeitsbeschaffungsprogramme dann die Rollbahnen an. Dabei halfen Landwirte aus Franken und Oberbreisig. Der abgetragene Mutterboden wurde nördlich des Gutshofes zu heute noch sichtbaren Halden aufgeschüttet. Um eine ebene Start- und Landebahn zu erhalten, war es notwendig, im westlichen Teil das Gelände zu planieren und im Bereich des Heiligentales festes Material aufzuschütten. Dieses wiederum wurde im Hang nach Oberbreisig zu abgebaut und mit einer Feldbahn transportiert.

Der RAD hatte zeitweise ein Lager für 200 Mann mit vier großen Baracken dort stehen, wo sich heute der Niederwald südlich des Flugplatzcasinos befindet. Südostwärts und westlich des ehemaligen RAD-Lagers sind Schützengräben zur Nahverteidigung angelegt worden, die heute noch sichtbar sind.

Die Wasserversorgung war durch eine Quelle im Heiligental gesichert, deren Wasser in den Lagerbereich gepumpt wurde. Die betonierte Zisterne ist erhalten geblieben und wird als Löschwasserzisterne für den Segelflugplatz genutzt.

Damals wie heute gab es die Hauptlandebahn in West-Ost-Richtung und eine Nebenlandebahn in Nord-Süd-Richtung. Am Nordende dieser Notlandebahn genannten Piste waren am südwestlichen Ausläufer des Gappentals Sockel gemauert, um Positionslampen aufzunehmen. Zwei davon sind erhalten geblieben.

Im September 1944 standen auf dem Platz drei vormals italienische Transportflugzeuge des Typs Savoia-Marchetti S.M. 82. Diese wurden bald das Opfer von amerikanischen Jagdbombern. Von Dezember 1944 bis Februar 1945 standen einige Maschinen Focke-Wulf 189 A-2 der Nachtaufklärerstaffel 13/14 auf der Mönchsheide, um die Ardennenoffensive zu unterstützen. Eine stürzte beim Start ab.

Zeitweise waren auch leichte Fliegerabwehrkanonen (Flaks) rund um den Flugplatz in Stellung. Diese 2 und 3,7 cm Flaks gehörten zu der Flak-Abteilung, die auch die Eisenbahnbrücken bei Sinzig und Remagen schützen musste.

Der Platz wurde rechtzeitig vor dem Anmarsch der US-Armee geräumt und nur halbherzig zerstört. Am 10. März

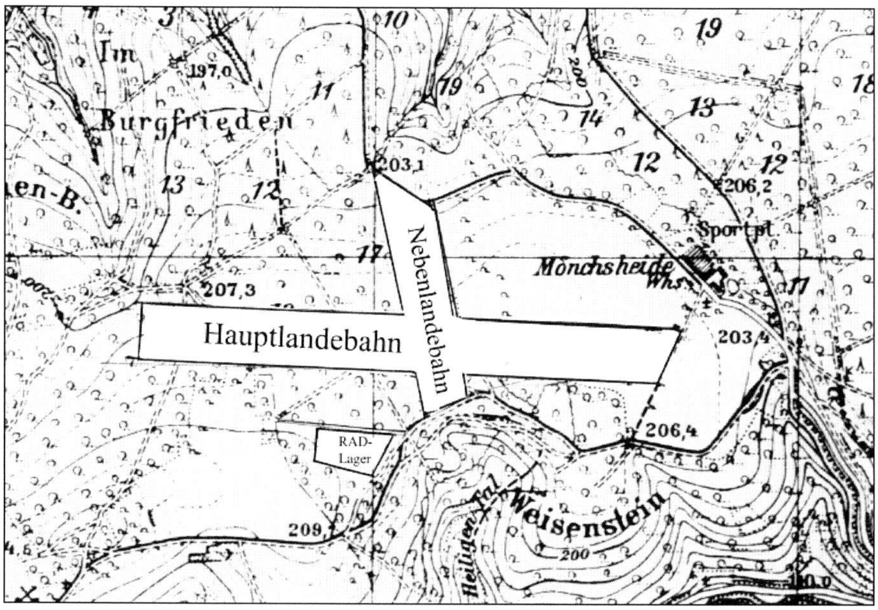

Karte des Feldflugplatz Mönchsheide. Der dortige Luftsportverein nutzt die selben Landebahnen.

Das Luftfoto vom Januar 1945 zeigt den Feldflugplatz Mönchsheide (gleiche Lage wie obenstehende Karte)
Foto: US Air Force

1945 kam ein amerikanischer Spähtrupp auf die Mönchsheide. In den folgenden Wochen war dort amerikanische Artillerie in Stellung, welche die Deutschen im Westerwald beschoss.

In ihrem technischen Aufklärungsreport No. 315 schreiben die Amerikaner über den Platz:

„Der Flugplatz von Franken liegt auf einem Hochplateau östlich von Franken, Koordinaten: WF 660125. Zur Zeit operieren Artillerie-Aufklärungsflugzeuge und Feldartillerie von dort. In einigen Tagen können Pioniere eine 1000 Meter Landebahn einsatzbereit machen. Alle Gebäude, die vorher zum Platz gehörten sind eingeebnet worden und die Wracks von drei SM 82 Transportflugzeugen sind das einzige, was geblieben ist.“

In einem weiteren Report wird von den Trümmern eines Focke Wulf Aufklärers 189 A-2 berichtet, die östlich liegen.

Nach dem Krieg hatte die US-Armee im Bereich des jetzigen Casinos eine Funkstation, nach deren Abzug gründeten Flugsportbegeisterte den Segelflugverein und betreiben seitdem mit Erfolg einen Segelflugplatz auf der Mönchsheide.

Quelle: Wolfgang Gückelhorn, Das Ende am Rhein, Aachen 2005

Sockel für die Landebahnbefeuerung des nördlichen Endes der Notlandebahn (Foto oben und unten)

Schützengräben zur Nahverteidigung zwischen RAD-Lager und Heiligental

Erdhalde 300 m nördlich des Gutshofes mit den Erdmassen von der Einebnung der Hauptlandebahn

Die damalige Trinkwasserzuisterne dient heute als Reservoir für Löschwasser

Einsatzflugplatz auf der Birkenhöhe bei Eckfeld

Für die Offensive 1940 im Westen wurde im Dreieck Brockscheid-Gillenfeld-Eckfeld auf den Birkenhöhe ein Einsatzflugfeld gebaut. Es entstand eine Start- und Landebahn von ca. 1000 Metern Länge auf dem Höhenrücken in Nordwest-Südost-Richtung. In den Waldrand am Nordwestende hatte man zwölf U-förmige Splitterschutzboxen aus Palisaden und Erdreich gebaut, deren Spuren .erhalten geblieben sind. Sie reichten für die Belegung durch eine Staffel, wahrscheinlich einmotorige Jagdflugzeuge.

An der Nordostflanke in Höhe des Holzmaars nahe der Straße waren große Stahltanks für den Flugbetriebsstoff in den Ackerboden eingebaut.

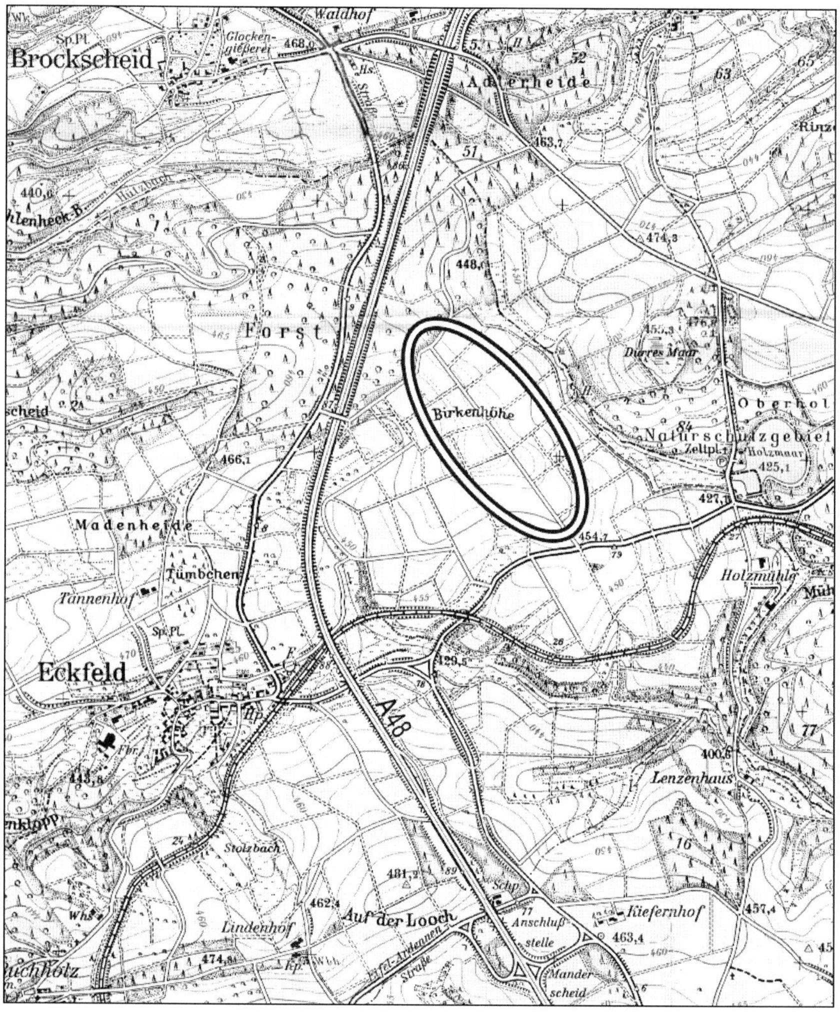

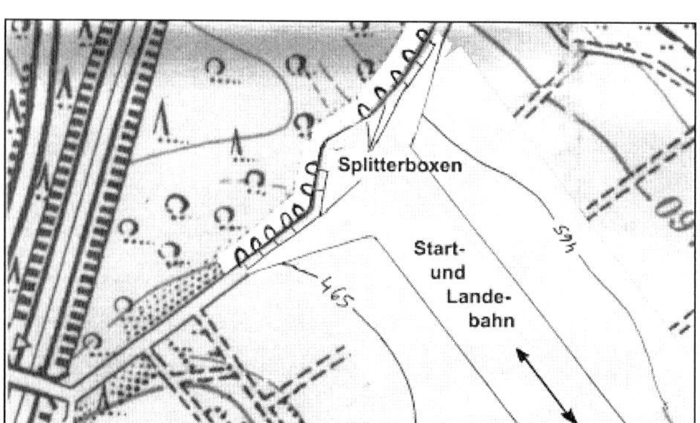

Karte oben und links zeigen die Lage des Einsatzflugplatzes auf der Birkenhöhe.
Auf der kleinen Karte links sind die noch vorhandenen Splitterschutzboxen am Waldrand eingetragen. Quelle: LVG

Bilder rechts zeigen die Einstellboxen am Waldrand und die Start- und Landebahn von nordwest nach Südost

Feldflugplatz Niedermendig

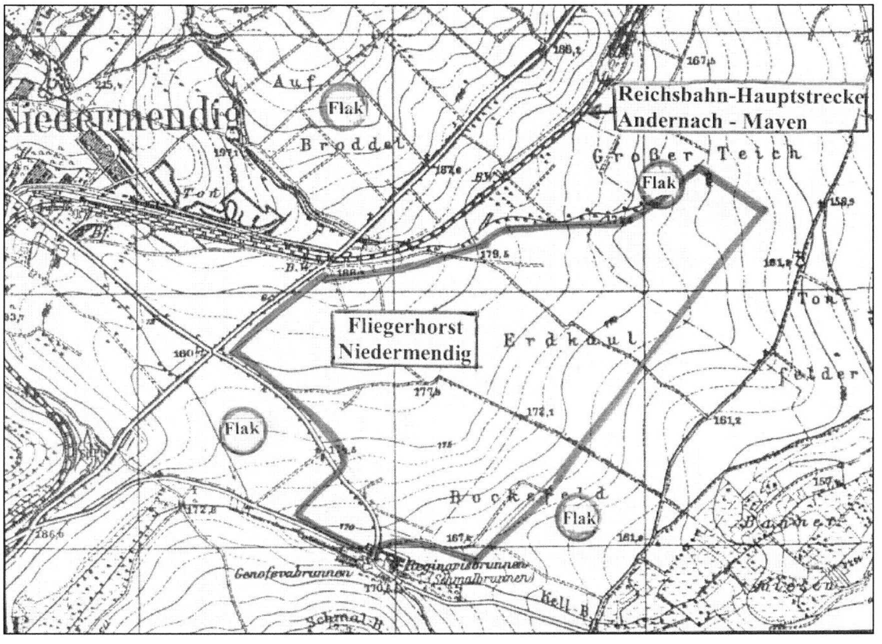

Im Jahre 1938 begannen die Planungen für den Bau eines Einsatzflugplatzes für die deutsche Luftwaffe bei Niedermendig. Pünktlich zum Kriegsbeginn am 1. September 1939 wurde mit den Bauarbeiten begonnen.

Bereits am 19. 09.1939, kaum dass die Baracken errichtet waren, fiel die 2. Staffel der Aufklärungsgruppe 22 von Kassel über Bonn-Hangelar in Niedermendig ein. Die Ausstattung dieser Staffel bestand aus 18 Donier Do 17 Aufklärern verschiedener Modelle. Zusätzlich kam ein Transporter Junkers Ju 52 („Tante Ju"). Der Platz wurde durch leichte 2 cm Flaks geschützt.

Schon im Winter 39/40 wurde die Belegung wesentlich größer: 40 Jagdflugzeuge Messerschmidt Bf 109 und 3 Messerschmidt Bf 110.

Während des Frankreichfeldzuges war der Oberbefehlshaber der Luftwaffe, Generalfeldmarschall Hermann Göring, mehrmals auf dem Platz, weil er seinen Befehlszug „Asien" im nahen Eisenbahntunnel bei Polch-Trimbs stehen hatte und über Niedermendig mehrere hohe Staatsgäste zu Besuch bekam.

Im weiteren Verlauf des Krieges wechselte die Belegung häufig. Ebenso griffen alliierte Bomber den Flugplatz öfters an. Zeitweise war auch schwere 8,8 cm Flak in Niedermendig zum Schutz in Stellung. Ende Februar / Anfang März 1945 wurden die linksrheinischen Plätze geräumt und sollten zerstört werden. Der Befehl dazu erging zwar, ist aber kaum ausgeführt worden. Als am 7. März die Flugplatzbesatzung nach Koblenz abrückte, hinterließ sie einen intakten Flugplatz. Einige Tage später nahmen die Amerikaner Niedermendig in Besitz und verlegten bald danach ihre eigenen Kampfflieger dorthin. Der Platz hatte bei den Alliierten den Allcode Y 62.

Später belegten die Franzosen Niedermendig und übergaben es dann an die Heeresflieger der Bundeswehr. Es entstanden neue Kasernengebäude, Hallen und betonierte Start- und Landebahnen. Im sogenannten Altbaubereich sind drei alte Luftwaffen-Baracken als einzige Gebäude der Anfangszeit am südlichen Begrenzungszaun beim Reginaris-Brunnen erhalten geblieben. Das Verteidigungs-Kreis-Kommando 411 und die Standortverwaltung nutzten die Liegenschaft. Von der Transformation der Bundeswehr ist aber auch der Standort Niedermendig nicht verschont geblieben. Ab 2007 verlassen die Heeresflieger Mendig und das Militärgelände wird zum Konversionsobjekt.

Quelle: Leo Schmitt, Flugplatz Niedermendig 1938-1945, VDM 1999

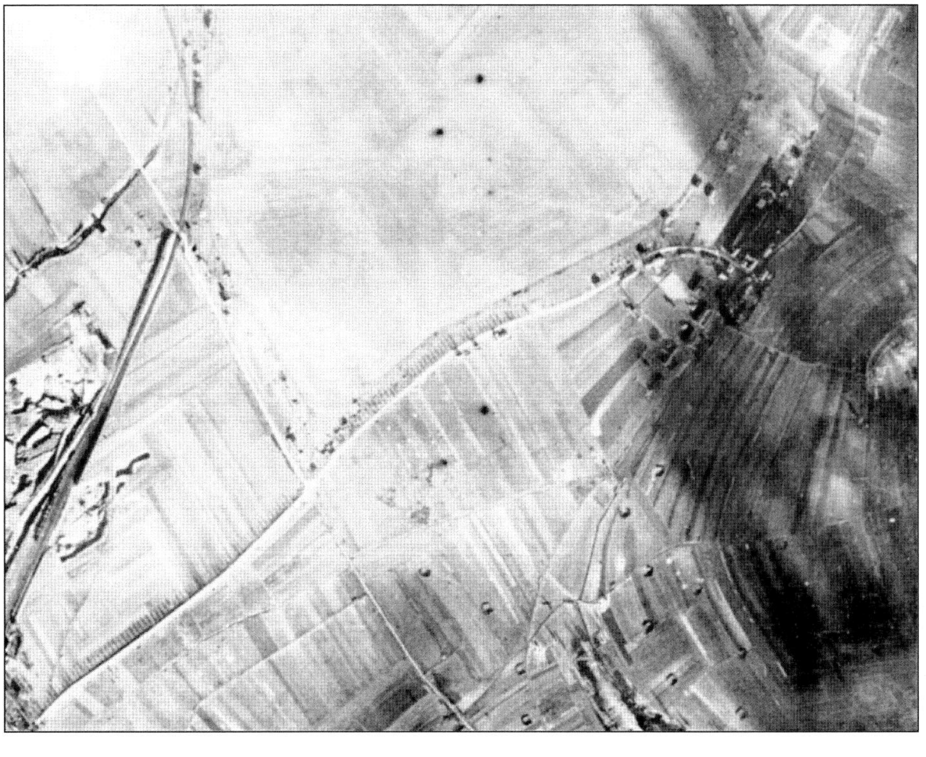

US-Luftfoto mit Blick von Westen auf die Gebäude des Fluplatzes Niedermendig
Foto: US Air Force

Auf dem US-Luftfoto sind die heute noch stehenden Baracken markiert Foto: US Air Force

Fotos unten: Alte Wehrmachtsbarraccken 2007 noch in Nutzung durch die Bundeswehr

Der geheimnisvolle Flugplatz Ollheim / Straßfeld

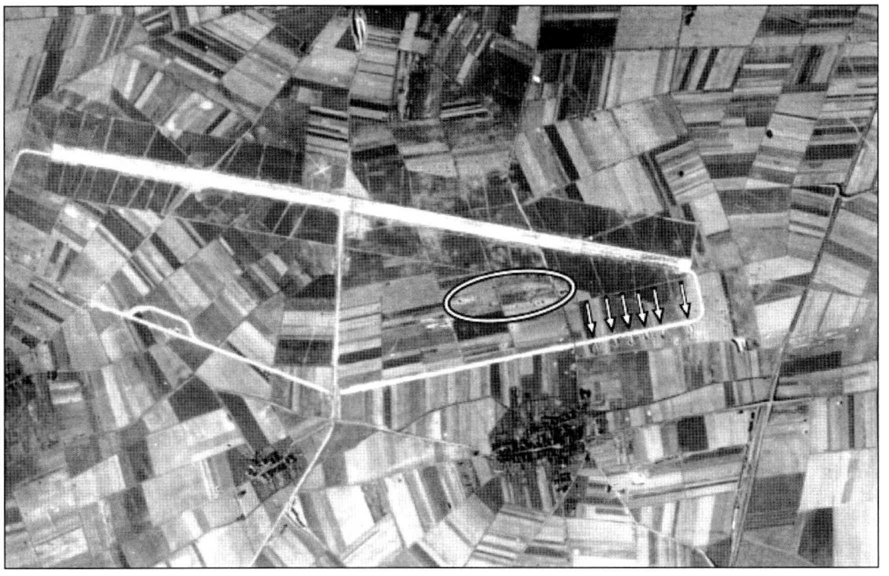

Auf diesem US-Luftfoto sind die betonierte Start- und Landebahn, die Zubringerbahnen und sechs Einstellboxen nördlich von Ollheim gut zu erkennen. In der Elipse sind die Trichter eines US-Bombenangriffes markiert. Foto: US Air Force, Januar 1945

Zwischen Rheinbach und Weilerswist entstand spätestens ab 1944 ein Einsatzplatz, der die Ausmaße aller benachbarten Plätze bei weitem übertreffen sollte: Eine betonierte Start- und Lande-Bahn (SLB) von fast 3000 Metern Länge und 60 Metern Breite war angeblich für den Strahljäger Me 262 vorgesehen.

Die Baumaßnahmen wurden jedoch Ende 1944 eingestellt. Die nahe Front am Westwall in der Eifel einerseits und der extreme Mangel an Flugtreibstoff für die Flugzeuge andererseits waren wohl für den Baustopp maßgeblich.

Sechs Einstellboxen südlich des Ostendes der SLB bei Ollheim zeugen davon, dass die deutsche Luftwaffe den Platz wahrscheinlich noch genutzt hat, möglicherweise waren es einige Nachtjäger.

Für die letzte große Aktion der Luftwaffe, den Angriff auf alliierte Flugplätze im Westen am 1. Januar 1945, der „Operation Bodenplatte“, war der Platz für die I. Gruppe des Kampfgeschwaders 51 (Me 262) im linksrheinischen Bereich als Notlandeplatz „für Me 262 als voll geeignet“ bezeichnet worden. Ob der Platz so genutzt worden ist, ließ sich nicht klären. Die Amerikaner haben ihn aber mehrmals bombardiert.

Kurz vor der Einnahme des Geländes durch die US-Armee am 6. März 1945 haben deutsche Luftwaffenpioniere einen Teil der SLB durch Trichtersprengungen zerstört und das Gelände vermint.

Die US Army Air Force nutzte den großen Platz mit dem Allcode „Y 59“ ab dem 22. März bis zum 17. Mai 1945 für die 474. Fighter Group (P-38 Lightning) und später für die 414. und die 422. Night Fighter Squadron (P-61 Black Widow).

Zuvor hatten amerikanische Pioniere die SLB teilweise durch das Räumen der Minen, das Verfüllen der Sprengkrater und Abdecken mit Metallplatten wieder nutzbar gemacht. Ein amerikanischer Soldat verlor durch Minenexplosion einen Fuß, eine deutsche Frau ihr Leben. Aus Sicherheitsgründen und Mangel an Militär-Polizeikräften musste die Zivilbevölkerung binnen 24 Stunden aus Ollheim evakuiert werden. Mangels festen Unterkünften lebten die Luftwaffensoldaten in Zelten.

Später, nach dem Kriege, wurden die Betontrümmer des Platzes zu Zweidrittel weggeräumt. Nur das östliche Drittel der SLB ist erhalten geblieben. Die Straße von Müggenhausen nach Ollheim führt durch ein 1 km langes und ca. 70 Meter breites Wäldchen. Genau dort kann man die Reste der gesprengten SLB finden.

Quellen:
Einsatzbefehl für I./KG 51, BA-MA, Freiburg
Internetseite über US-airfields Y-59
The 9th Air Force in WW II, Kenn C. Rust, 1970
The „Geyser“ Gang, The 428th Fighter Squadron in WW II, 1986
US-Karte no. 4414 vom 05.01.1945 M= 1:25.000

Die extrem lange Start- und Landebahn von Ollheim/Straßfeld war für den Turbinenjäger Me 262 geplant

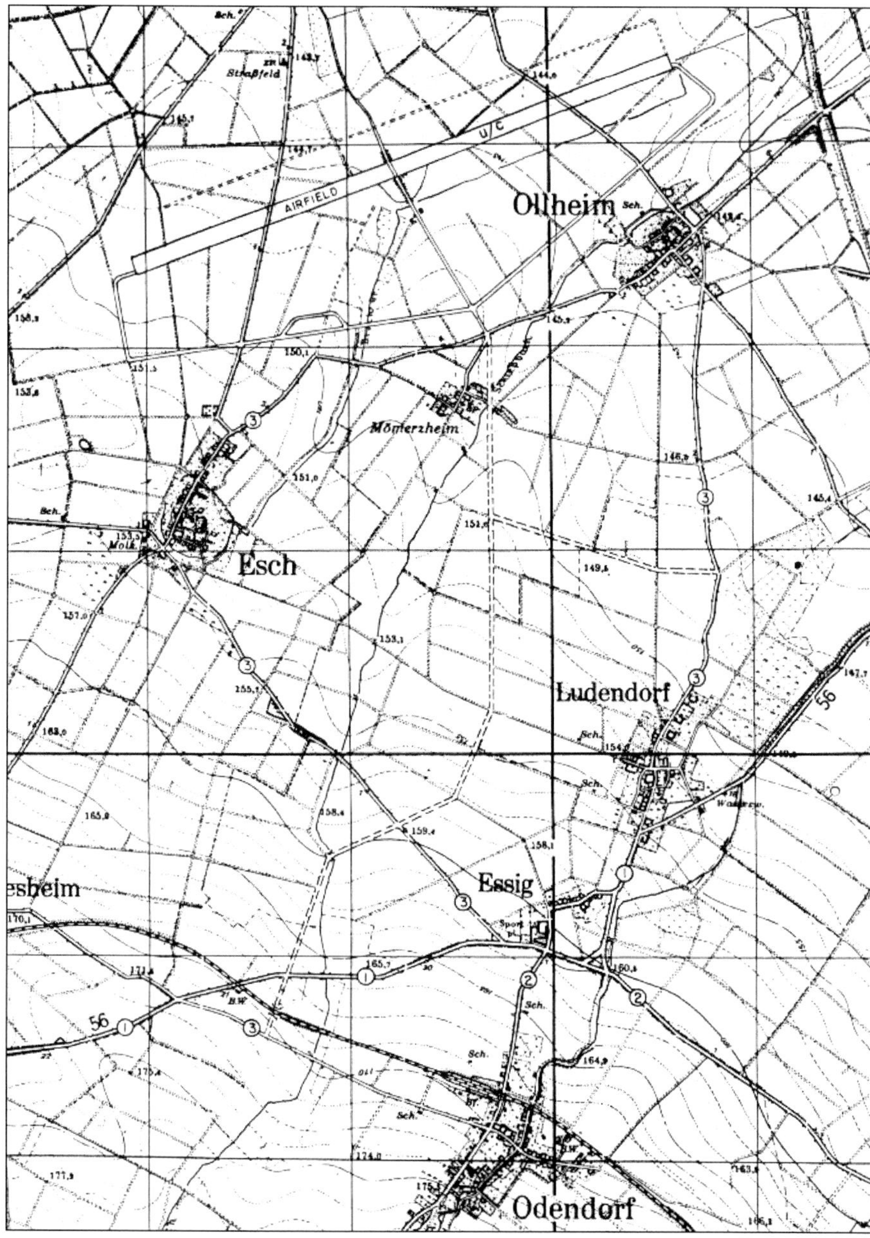

Diese US-Karte von Januar 1945 zeigt den im Bau befindlichen Flugplatz Ollheim/Straßfeld mit den dazugehörenden Zubringerbahnen von den Stellplätzen bzw. zum älteren Feldflugplatz bei Odendorf. Quelle: US Army GSGS 4414 v. 5.1.1945

Fotos zeigen die 428. US-Jagdstaffel, The "Geyser"-Gang in Straßfeld. Die Karte zeigt den Weg dieser Staffel auf dem europäischen Kriegsschauplatz
Quelle: The „Geyser" Gang, The 428th Fighter Squadron in WW II, 1986
US-Karte no. 4414 vom 05.01.1945 M= 1:25.000

Eine P-38 Lightning der 474 Fighter Group in Ollheim
The „Geyser“ Gang, The 428th Fighter Squadron in WW II, 1986

Eine P-61 Black Widow, wie sie von der 414. bzw. 422. Night Fighter Squadron in Ollheim geflogen worden ist.
The 9th Air Force in WW II, Kenn C. Rust, 1970

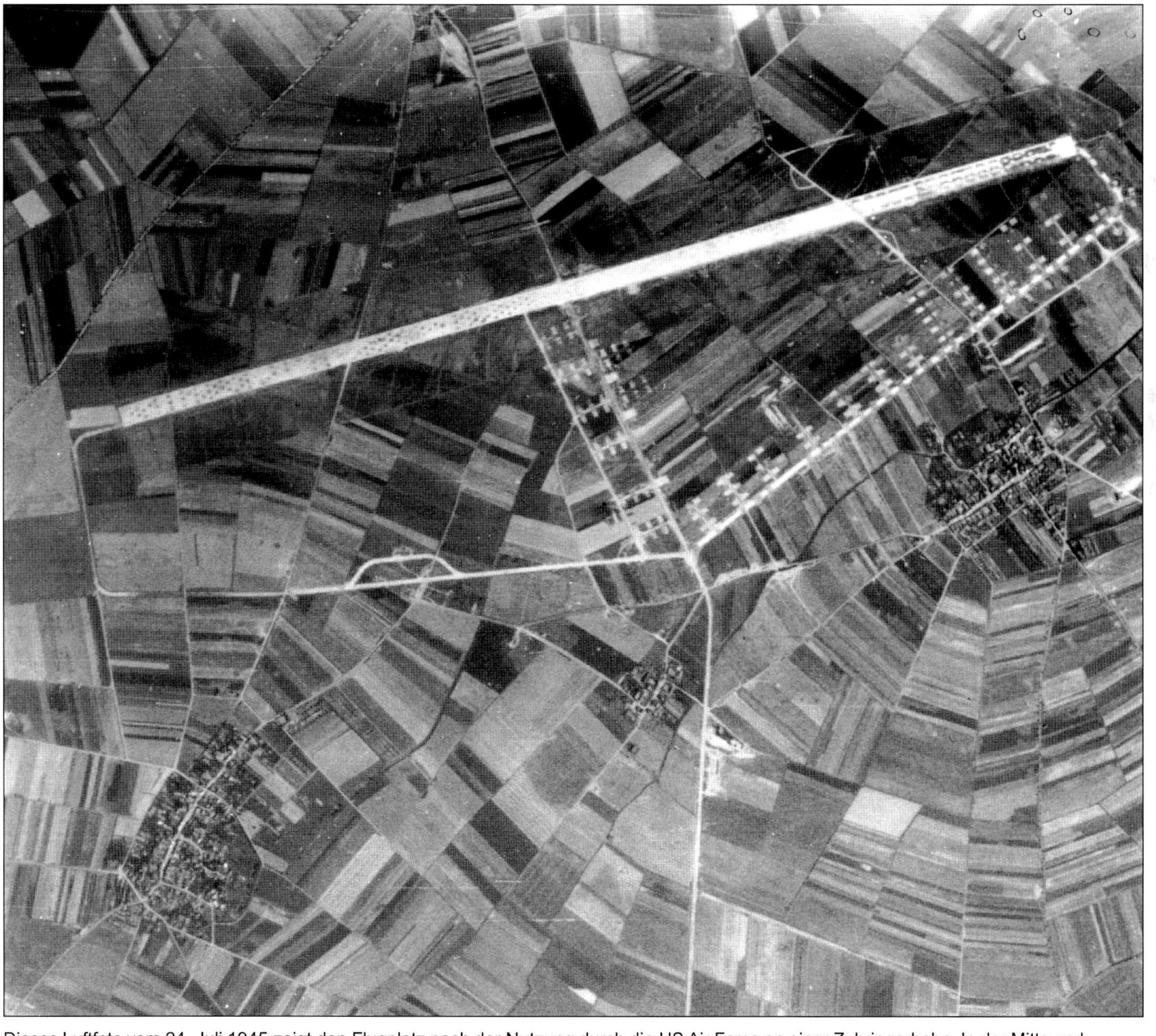

Dieses Luftfoto vom 24. Juli 1945 zeigt den Flugplatz nach der Nutzung durch die US Air Force an einer Zubringerbahn. In der Mitte und im Osten sind durch die Amerikaner viele Stellplätze für ihre Jagdflugzeuge angelegt worden. In der betonierten Start- und Landebahn sind die Sprengtrichter von der Zerstörung durch die Amerikaner erkennbar. Links unten Esch, rechts Mitte Ollheim. Foto: US Air Force

Blick von Norden auf die noch erhalten gebliebenen Reste des östlichen Teils der Start- und Landebahn von Ollheim/Straßfeld, die nun in dem erkennbaren Waldstreifen liegen. Der Pfeil zeigt auf den Kirchturm von Ollheim.

Fotos oben: Die Sprengtrichter von der Zerströung der SLB

Die unteren Fotos: Die Betontrümmer, teilweise mit grüner Betonfarbe, zeugen von der Größe dieses ehemaligen Flugplatzes.

Die Segelfliegerschule des Nationalsozialistischen Fliegerkorps (NSFK) auf dem Hummerich bei Kruft

Ansichtskarte vom NSFK Segelfliegerschule auf dem Hummerich bei Kruft.
Foto: Bernhard Gelderblom

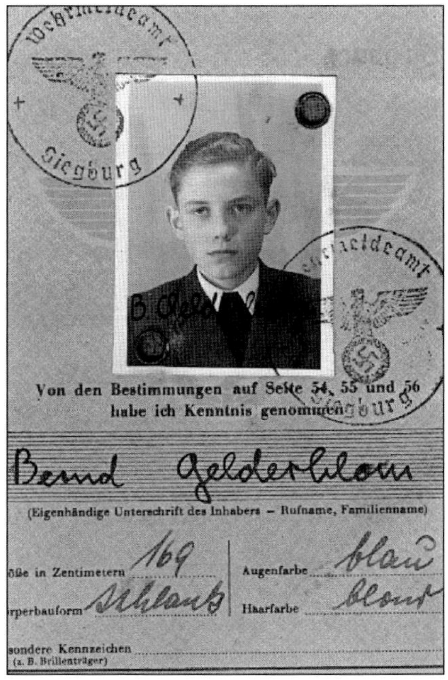

Der Ausweis des Luftwaffenhelfers Bernhard Gelderblom

Das NS-Fliegerkorps war eine Unterorganisation der NSDAP und die Einheitsorganisation des Luftsports in Deutschland.

„...Aufgabe des NSFK ist .... eine vormilitärische fliegerische Ausbildung durchzuführen und die luftsportlichen Betätigungen im Deutschen Reich einheitlich zusammenzufassen...“ (Quelle: Der Neue Brockhaus, 1937). Die Gründung des NSFK 1937 stand im Zusammenhang mit einer praktischen Gleichschaltung aller bis dahin bestehenden Luftsport- und verwandte Vereine.

Die Segelfliegerschule des NSFK auf dem Hummerich bei Kruft lag auf dem Sattel zwischen den vulkanischen Kuppen „Plaidter Hummerich“ und „Korretsberg“, etwa 1 km ostwärts von Kruft und wenige Kilometer nordostwärts des Fliegerhorstes Niedermendig.

Die Gebäude – Flugzeughalle, Schulgebäude, Unterkunfts- und Wirtschaftsgebäude – sind, ergänzt um einige Zubauten, heute noch weitgehend erhalten, dienen aber anderen Zwecken.

Der letzte Lehrgang im Kriege („A“- und „B“-Schein) fand vom 02. bis 28. Februar 1945 statt. Der Abschluss bestand aus dem Flug einer S-Kurve von der Höhe des Korretsberges. Gestartet wurde mit einem Gummiseil und einer Startmannschaft.

Rückblickend ist es erstaunlich, dass der Lehrgang noch erfolgreich durchgeführt werden konnte, berücksichtigt man die zahlreichen Einschränkungen durch Tiefflieger, Wasser- und Stromausfall. Ja, es wurde sogar noch für einen weiterführenden Lehrgang („C“-Schein) im März in Kastellaun / Hunsrück geworben. Dieser fand dann aber aufgrund des Vormarsches der Amerikaner nicht mehr statt.

Quelle: Bernhard Gelderblom, Unkel, 2007

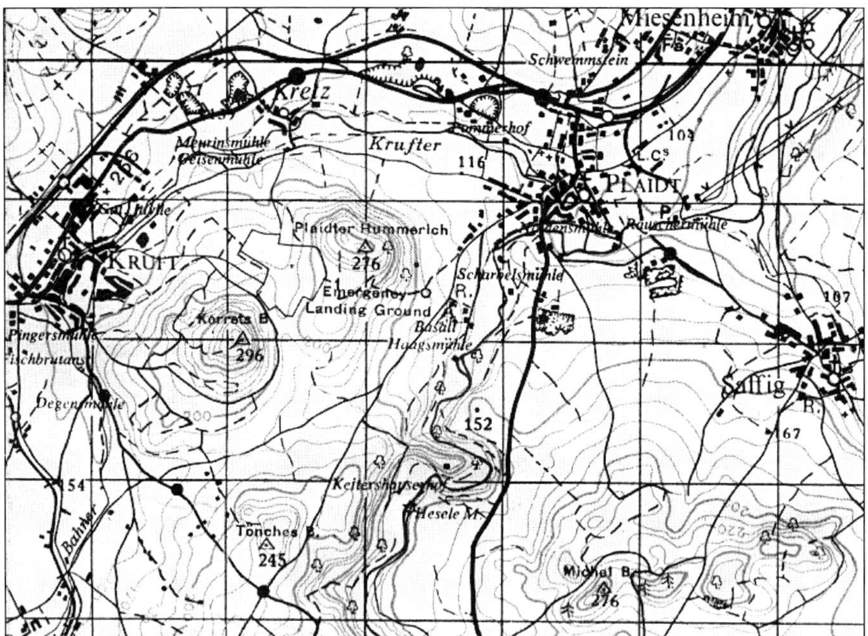

US-Karte vom November 1944 mit dem Segelflugplatz Hummerich, der hier als Notlandeplatz (Emergency Landing Ground) bezeichnet ist.
Quelle: US Army

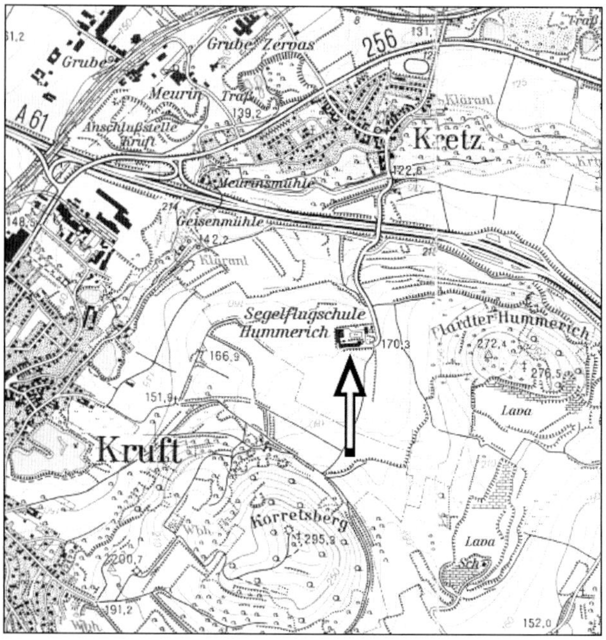

Ausschnitt aus der topographischen Karte 1:25000 mit der Situation heute. Quelle: LVG

Foto zeigt die ehemalige Segelfliegerschule (rechts) und den Korretsberg (links) im Frühjahr 2007

Blick vom Westhang des Hummelrich über die ehemalige Segelfliegerschule. Alle Gebäude von damals sind erhalten geblieben, das linke ist um eine Etage aufgestockt worden, und ein neues (rechts) dazugekommen. Im Mittelgrund: Kruft, im Hintergrund Randhöhen des Laacher Sees

Feldflugplatz Eudenbach / Ww.

Der Einsatzhafen Eudenbach entstand bereits in den Jahren 1936 bis 1937 unter Federführung des Luftgaukommandos VI in Münster. Neben dem Bau des Flugfelds mit Hallen wurden folgende Arbeiten durchgeführt: Rodungs- und Drainagearbeiten, Wasserversorgung verlegen, Bau von zwei Unterbringungs- und zwei Munitionslagern, sowie der Bau einer Entladestelle für Rollbockwagen.

1939 war der Flugplatz mit Militär und Zivilarbeitern belegt, die die Anlage fertig stellten.

Am Kriegsende waren u.a. Jagdflugzeuge vom Typ Focke Wulf 190 und Sturzkampfbomber Junkers 87 in Eudenbach stationiert. Die Stukas Ju 87, Anfang März 1945 zu den Plätzen Breitscheid und Lippe verlegt, griffen von dort die Ludendorff-Eisenbahnbrücke Remagen-Erpel an und erlitten hohe Verluste. Zu dieser Zeit war der Platz von der 6. Batterie / leichte Flakabteilung 784 mit 12 x 2 cm Flaks geschützt.

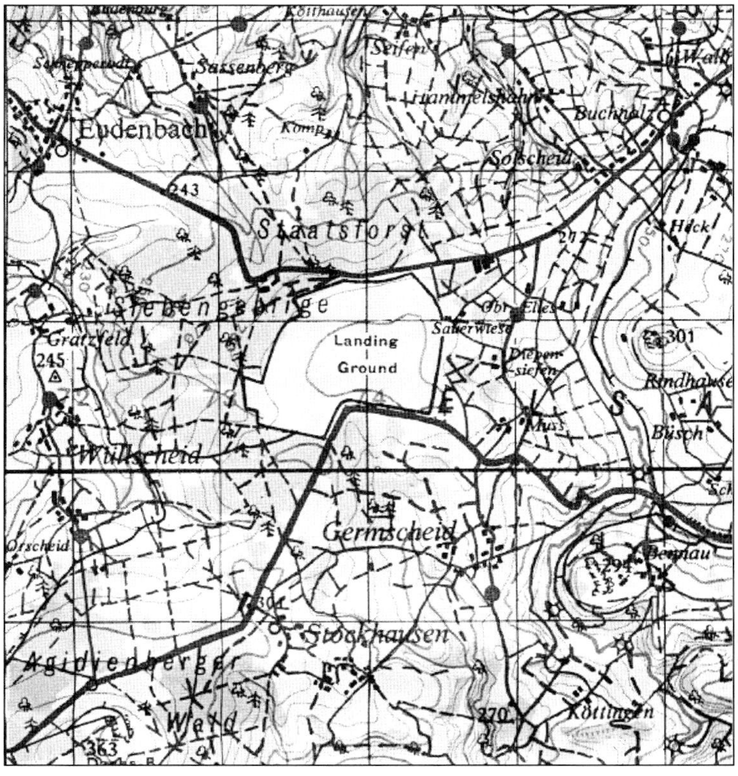

US-Karte von Ende 1944 mit dem deutschen Feldflugplatz Eudenbach im Westerwald
Quelle: US Army

Am 21. März drangen die amerikanischen Truppen aus dem rechtsrheinischen Brückenkopf bis zum Flugplatz vor. Das Siebengebirge und das Gebiet ostwärts davon waren ab dem 8. März Schauplatz heftiger Kämpfe. Die deutsche Heeresgruppe B unter Feldmarschall Walter Model versuchte verzweifelt mit den Resten ihrer Panzerdivisionen den amerikanischen Vormarsch zu stoppen. Am 24. März startete die 1. US-Armee aus dieser Gegend die südliche Umfassung des Ruhrgebietes und schloss den sogenannten Ruhrkessel am 1. April in der Nähe von Lippstadt.

In ihrem Technischen Aufklärungsreport No A 315 berichten die Amerikaner über Eudenbach:

1. Dieser Platz liegt auf der Karte bei Koordinate WF 7431, ostwärts der Autobahn bei dem Dorf Germscheid.
2. Während der Inspektion hielt die amerikanische Infanterie die Südhälfte, die deutsche Infanterie die nördliche Hälfte des Platzes. Dennoch wurden von uns 7 deutsche Flugzeuge inspiziert, worüber in einem separaten Report berichtet wird.
3. Vorwiegend im Wald südwestlich des Platzes sind die Abstellplätze für 30 und mehr Flugzeuge. Diese bestehen aus grasbewachsenem Boden.
4. Es gibt vier Baracken und ein großes Wohnhaus am Südrand des Platzes.
5. Der Start- und Landeplatz ist ein harter, grasbewachsener Boden mit guter Entwässerung. Er ist etwa 0,8-0,9 Quadratkilometer groß. Auf dem Platz sind Bombenkrater von 15 Metern Durchmesser und 3 Metern Tiefe.

US-Luftfoto von Eudenbach am 22. Februar 1945
Pfeil oben links zeigt den Bereich des Munuitionsdepots Pfeil oben Mitte die Flugplatzgebäude und Pfeil mitte links das Barackenlager, welches zeitweise von der technischen Seeberufsfachschule bzw. der Marineunteroffiziersschule genutzt wurde.
Foto: US Ar Force

Heute wird der Landeplatz von Motor- und Segelfliegern benutzt. Aus der Zeit des II. Weltkrieges sind die gesprengten Reste des Munitionsdepot und des Lagers Süd-West erhalten geblieben.

Das Mun-Depot lag südlich des Waldweges vom Lager Nord (heute Bundeswehr-Depot) nach Gratzfeld und hatte 5 Munitionsbunker. Diese bestanden aus u-förmigen Erdwällen von ca. 25 Metern Breite und 29 Metern Tiefe. Die Wallkronen waren wohl 4-5 Meter hoch. Der innere Lagerraum wurde aus einer u-förmigen Betonmauer mit den Innenmaßen 8,5 m Breite x 13,8 m Länge gebildet. Die Betonwände waren 45 cm stark und der Boden war befestigt, sodass Lkws zum Ent- und Beladen hineinfahren konnten. In diesen Bunkern wurde Abwurf- und Bordwaffenmunition für die Kampfflugzeuge gelagert. Nach Kriegende wurden die Anlagen von den Briten gesprengt.

Das Lager Süd-West lag westlich an der Straße von Stockhausen nach Norden, etwa 150-200 Meter südlich des Platzes. Die Betonfundamente mehrerer Baracken, Entwässerungskanäle usw. sind geblieben. Hier war ab 1943 abwechselnd die Technische Seeberufsfachschule bzw. die Marine-Unteroffiziers-Schule einquartiert. Die maximale Belegung lag bei 450 Schülern und 30-50 Lehrern und Ausbildern.

Das in der Nordwestecke des Platzes befindliche Lager ist nicht erhalten geblieben, weil dort ein Bundeswehrdepot errichtet worden ist.

Quelle:
Wilbert Fuhr, Der Einsatz(flug)hafen Eudenbach, Königswinter 1998
Microfilm A 5731, Techn. Intelligence Report No A 315

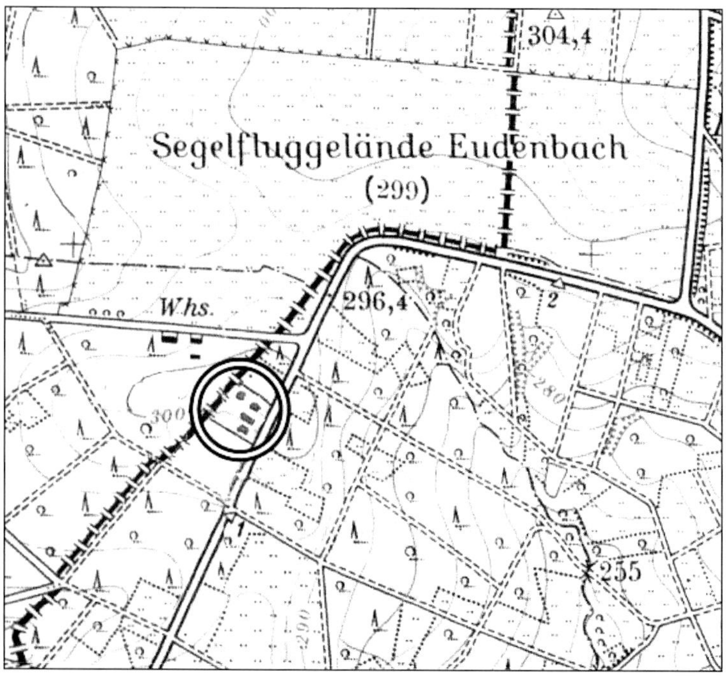

Die Karte zeigt im Kreis die Gebäudereste des Schulungsbereichs südlich des Flugplatzes
Quelle: LVG

Alle drei Fotos zeigen die ehemaligen Barackenfundamente

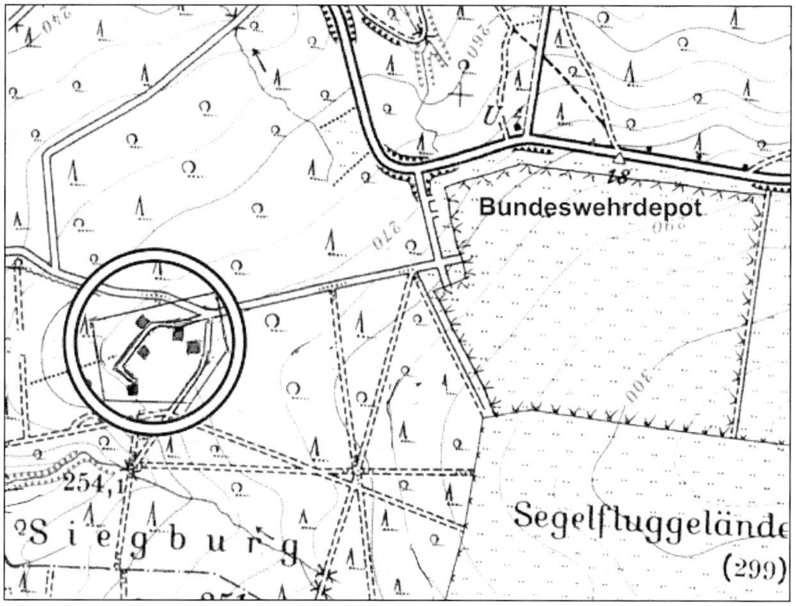

Im Kreis des Kartenausschnittes: Reste des Munitionsdepots Quelle: LVG

Die Fotos zeigen die Betontrümmer der gesprengten fünf Munitionshäuser

Der Feldflugplatz Ailertchen

Ailertchen liegt an der B 255 zwischen Montabaur und Rennerod im Westerwald. Mit dem Bau des Platzes wurde bereits einige Jahre vor Kriegsbeginn angefangen. Bereits in der Karte der Luftwaffengruppe 3 vom 01.12.1938 über ihre Bodenorganisation erscheint Ailertchen als Einsatz(flug)-hafen I. Ordnung. Es gab einen Gleisanschluss von der Reichsbahnstrecke Hachenburg-Westerburg. Ein Munitionsdepot mit fünf großen Munitionsbunkern lag am Südwestrand des Flugfeldes. An der Ostspitze waren die Gebäude im Stile eines großen Westerwälder Bauernhofes errichtet worden. Am Südostrand des Geländes standen Baracken und später wurden entlang der Waldwege im Süden Flugzeugabstellboxen hergerichtet.

Bei den Alllierten hatte der Platz den Allcode Y 81.

Nach dem Kriege entstand im südlich gelegenen Westerburg ein Bundeswehrstandort. Dabei wurde das Waldgelände südlich vom Platz zum Standortübungsplatz umfunktioniert und die fünf Munitionsbunker wurden mit Erdreich abgedeckt. Die Anschlussgeleise wurden abgebaut. Die ehemaligen Flugplatzhauptgebäude sind erhalten geblieben und werden zu Wohnzwecken genutzt. Vom Barackenlager sind die Fundamente eines Gebäudes erhalten.

Der Nordwestteil des Flugfeldes dient Segel- und Motorfliegern sowie Fallschirmspringern als Sportgelände. Nach Auflösung des Bundeswehrstandortes in Westerburg 2006 ist das ehemalige Sperrgelände des Übungsplatzes aufgehoben.

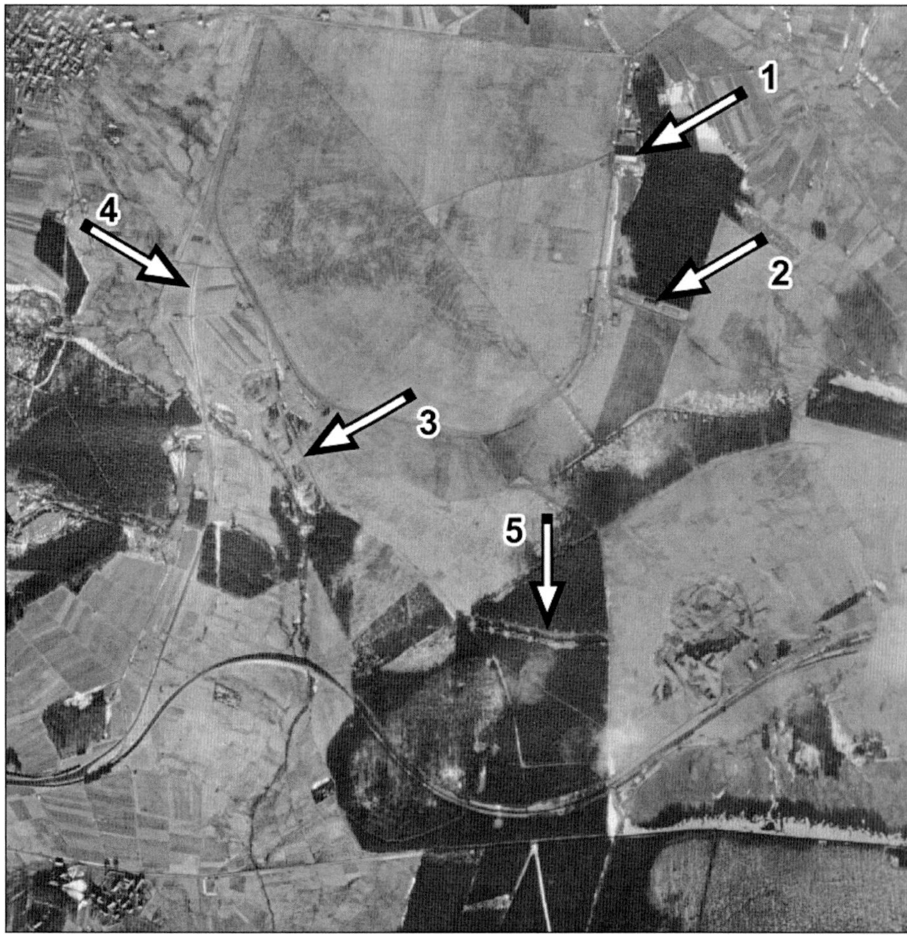

Quelle: US Air

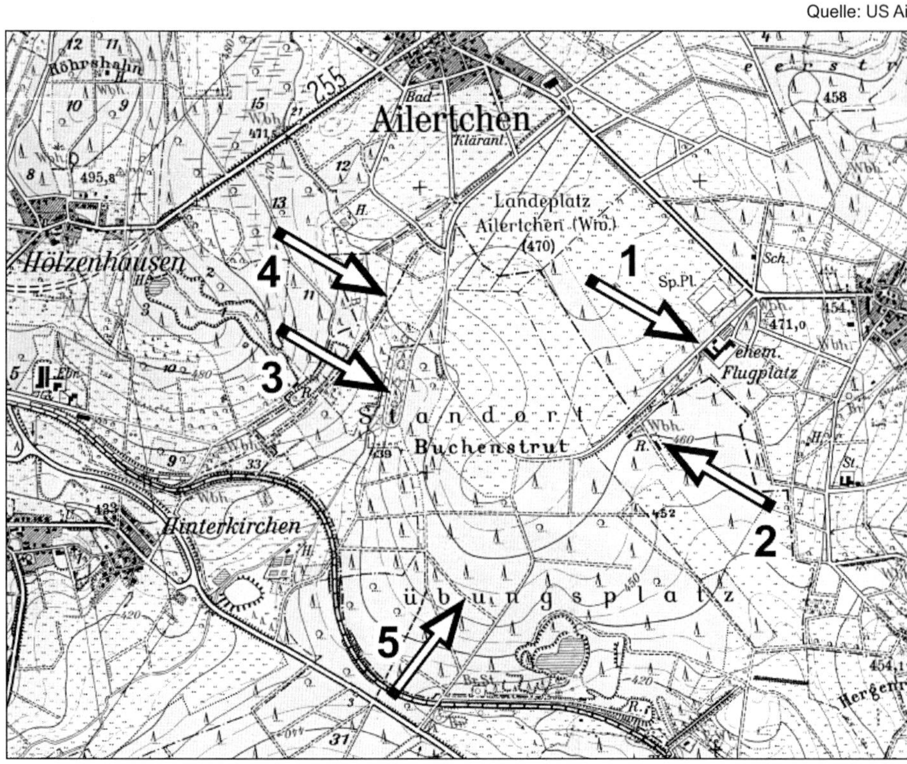

Quelle: LVG

Legende für US-Luftfoto bzw. Topografische Karte:
1 = Flugplatzgebäude
2 = Barackenlager
3 = Munitionsdepot
4 = Eisenbahnanschlussgleis
5 = Spitterschutzboxen für Flugzeuge

1 = südwestlicher Begrenzungsweg des ehem. Flugfeldes
2 = ehem. Flugplatzkommandantur
3 = ehem. Flugplatzlagergebäude
4 = Die Reste einer Spiltterschutzbox (siehe in Karte Nr. 5)
5 = Trasse des Eisenbahnanschlussgleises

Der Feldflugplatz Lippe

Zwischen Burbach und Rennerod liegt auf nordrhein-westfälischem Gebiet der bereits 1938 anfliegbare Feldflugplatz Lippe, heute zum Flughafen Siegerland ausgebaut. Einen Gleisanschluss gab es von Betzdorf an der Sieg über Daaden und Emmerzhausen zum Flugplatz von Süden her. Die wesentlichen Flugplatzgebäude waren am Nordrand gebaut worden. Ein Depot mit fünf Munitions-Bunkern befand sich am östlichen Rand in der Gemarkung Rübgarten. Flugzeugstellplätze mit Boxen aus Erdwällen hatte man entlang eines breiten Waldweges im Norden des Platzes angelegt.

Im März 1945 war auf Lippe ein Teil des Nacht-Schlacht-Geschwaders 2, ausgestattet mit dem veralteten Sturzkampfbomber Junkers 87. Zusammen mit den in Breitscheid stationierten Maschinen des Geschwaders wurden verlustreiche Angriffe auf die Ludendorff-Eisenbahnbrücke zwischen Remagen und Erpel geflogen. Der Platz wurde am 13. März von Bombern der 9. US Air Force gebombt und am 14. März von Jagdbombern angegriffen.

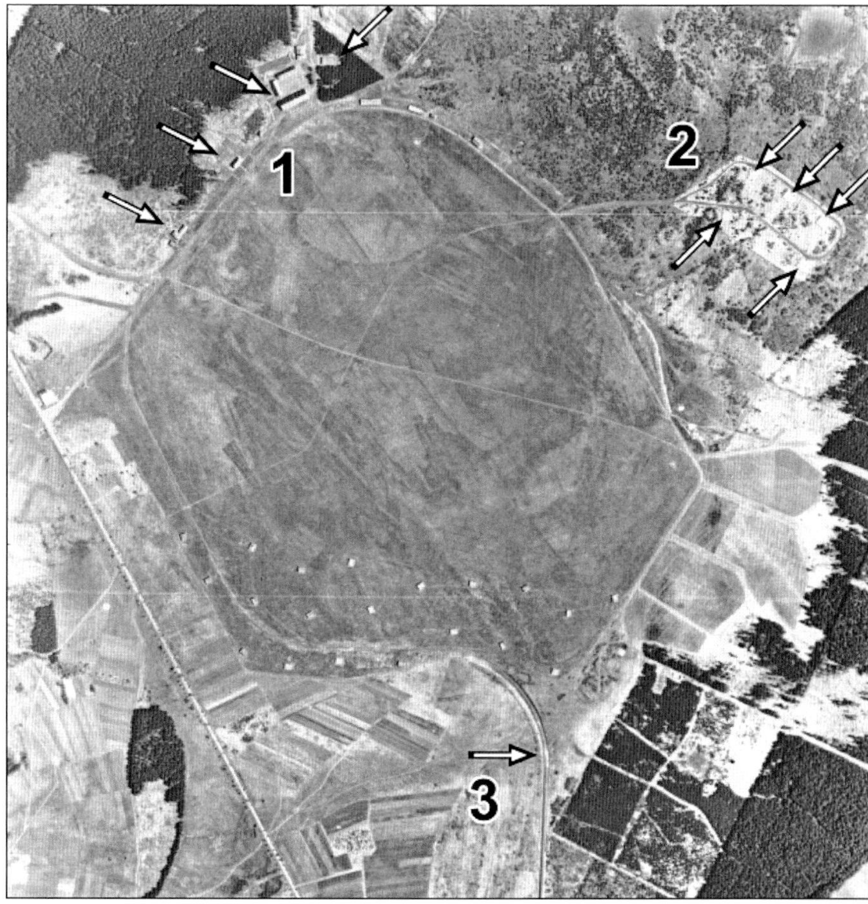

Luftfoto vom Feldflugplatz Lippe im Sommer 1944 Foto oben und rechts unten: US Air Force

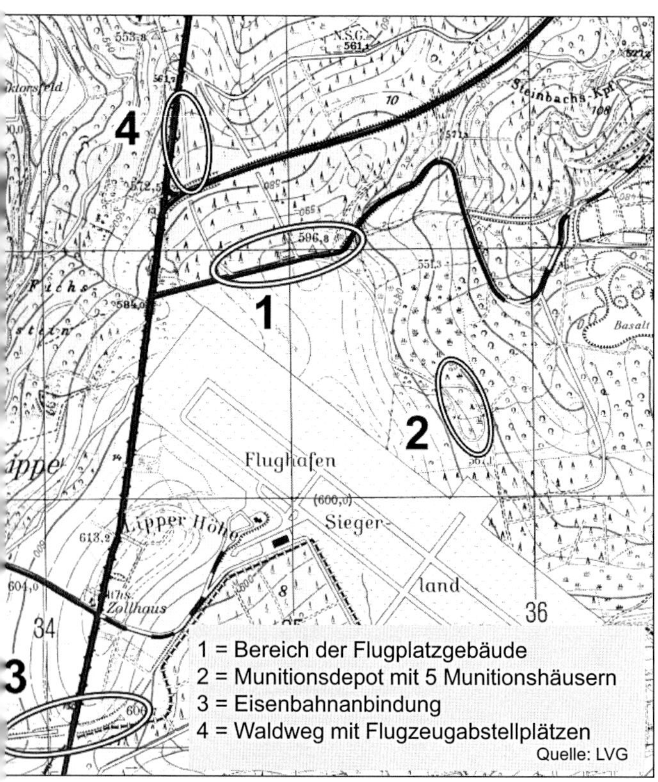

Dabei haben 28 Thunderbolts-Jabos von 11:00 bis 11:20 insgesamt 23 Ju 87, eine Me 109, eine 2cm Flak, 34 Eisenbahnwaggons, eine Dampflokomotive, zwei gepanzerte Fahrzeuge und einen Teil der Gleisanlagen total zerstört. Weitere 20 deutsche Flugzeuge sind am Boden beschädigt worden.

Nach dem Kriege wurden alle Gebäude abgerissen, die Eisenbahnlinie zurückgebaut und das Munitionsdepot gesprengt.

Dennoch findet man viele Spuren der Einrichtungen heute noch, obwohl der jetzige Flughafen Siegerland die doppelte Fläche belegt.

Quelle: Armin Wilhelm, Rund um den Stegskopf, Band 1, Westerwaldverein, 2000, ohne Ort

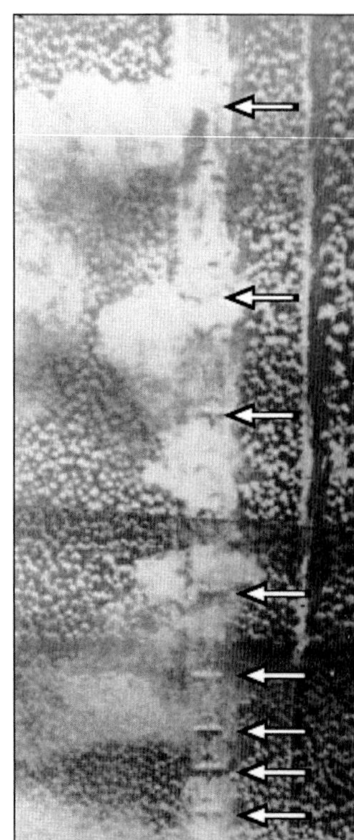

Das Foto zeigt acht brennende Ju 87 auf einem Waldweg am 14. März 1945 nach dem Jagdbomberangriff

Splitterschutzgräben im Bereich a des Luftfotos.

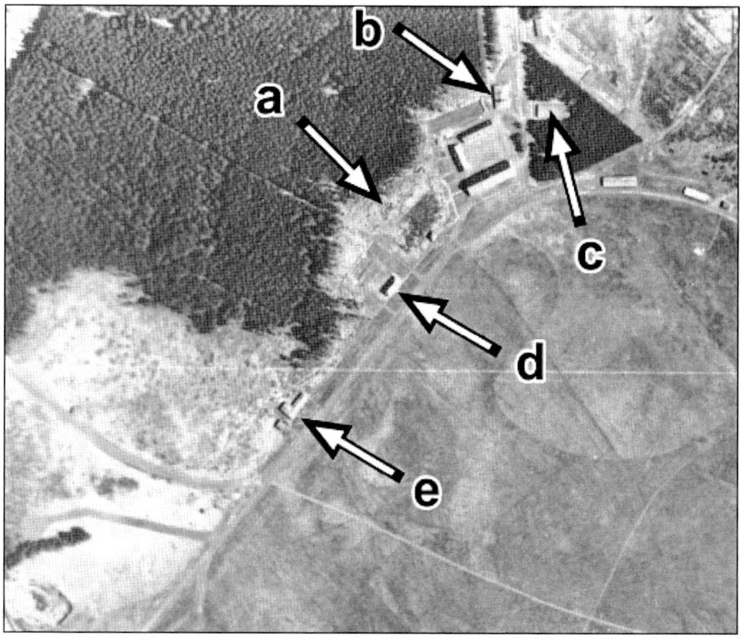

Foto oben und unten: Gebäudefundamentreste im Bereich b des Luftfotos

Waschtische aus dem Sanitärgebäude im Bereich c des Luftfotos

Bild rechts: Reste von Gebäuden im Bereich d und e des Luftfotos. Im Bildvordergrund: Sickergrube

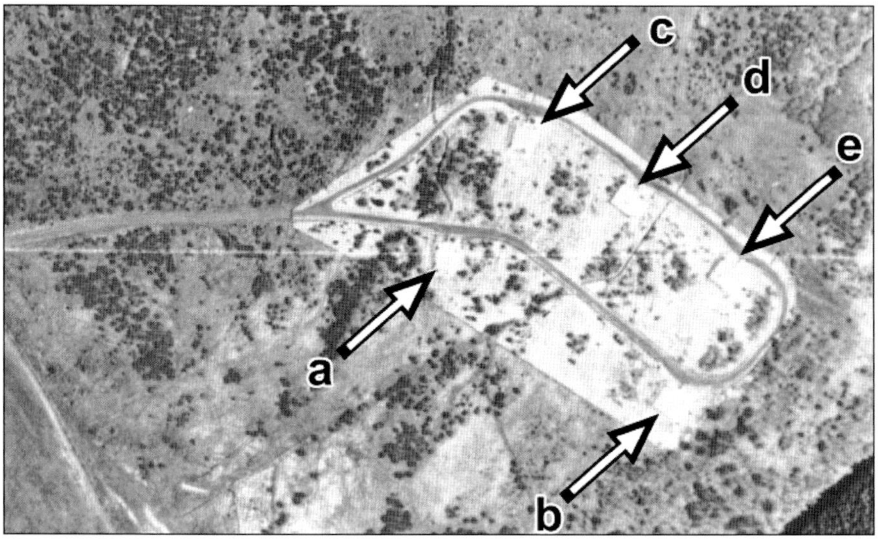

Im Luftfoto ist das Areal des Munitionsdepots mit fünf gesprengten Munitionshäusern (a-e) zu sehen.

Eingangsbereich eines zerstörten Munitionshauses

Reste eines Bltizableiters am Munitionshaus

Der Eingang eines weiteren Munitionshauses ist noch gut erhalten

Die gesprengte 50cm-Decke eines Munitionshauses

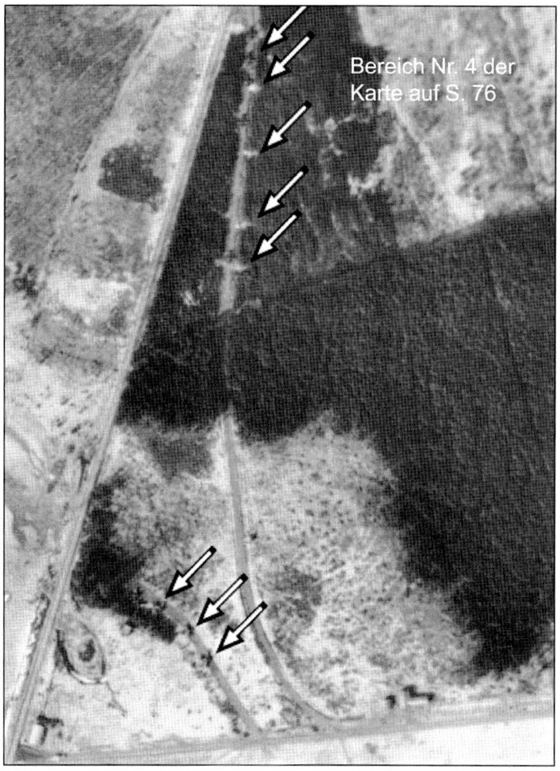

Die Pfeile auf dem Luftfoto zeigen abgestellte Ju 87 auf zwei Waldwegen im nordwestlichen Bereich des Flugfeldes.

Foto: US Air Force

Der Waldweg im Bereich Nr. 4 der Karte (Seite 76), an dem links und rechts des Weges Flugzeugnischen gebaut waren. Bild unten zeigt die Reste einer solchen Abstellnische.

Foto links und rechts zeigen die ehemalige Bahntrasse im Bereich links und rechts der Straße (Bereich Nr.. 3, Karte S. 76).

Der Feldflugplatz Breitscheid

Sieben Kilometer südöstlich von Lippe ist der Flugplatz Breitscheid. Er liegt etwa halbwegs zwischen Rennerod und Dillenburg. Erste Planungen für den Flugplatz gab es 1935, mit dem Bau wurde 1936 begonnen. Grosse Erdmassen mussten im Süden abgetragen und im Norden aufgeschüttet werden. Die Straße von Rabenscheid nach Breitscheid wurde einige hundert Meter nach Norden verlegt. Die Flugplatzgebäude wurden an der Ostecke, das Munitionsdepot am Nordrand gebaut. Nördlich der festen Gebäude entstand noch ein Barackenlager für den Reichs-Arbeits-Dienst und die Hitlerjugend. Die Flugzeuge wurden am Südrand des Platzes abgestellt. Dazu wurden Aussparungen in den Hang zum Bartenstein gegraben. Anfangs diente wohl der Kopfbahnhof in Breitscheid dem Nachschub für die Verbrauchsgüter. Nachdem der 1000 Meter lange Eisenbahntunnel Breitscheid – Langenaubach von den VDM-Werken für eine bombensichere Untertageproduktion genutzt wurde und die Gleise dort demontiert worden waren, wurden die Bahnhöfe Erdbach, Schönbach, Driedorf und Rehe für den Nachschub genutzt. Unterirdische Treibstofftanks sind dort gewesen, wo nun die modernen Flugplatzeinrichtungen an der Nordspitze des Platzes sind.

Der Feldflugplatz war ab spätestens Dezember 1939 mit fliegenden Einheiten belegt. Nach einiger Zeit der Ruhe, wurde es im September 1944 wieder lebendig. Gefährlich wurde es am 11. März 1945, als mittelschwere Bomber den Platz angriffen, aber nur Gusternhain und Breitscheid schwer getroffen haben. Zeitweise gab es leichten Flakschutz in Breitscheid. Als die US-Armee nach Breitscheid vorstieß, sollten Luftwaffensoldaten den Platz verteidigen. Ob es noch zu Kämpfen kam, kann nicht sicher behauptet werden.

Die Hauptgebäude sind erhalten und werden von einem Baumarkt benutzt. Die Fundamente des Barackenlagers sind erhalten und das gesprengte Munitionsdepot ist leicht zu finden.

Das Gelände hat nun eine Weiterverwendung als Flugplatz für Sportflieger und Fallschirmspringer.

Quelle: Claudio Becker, Sinn

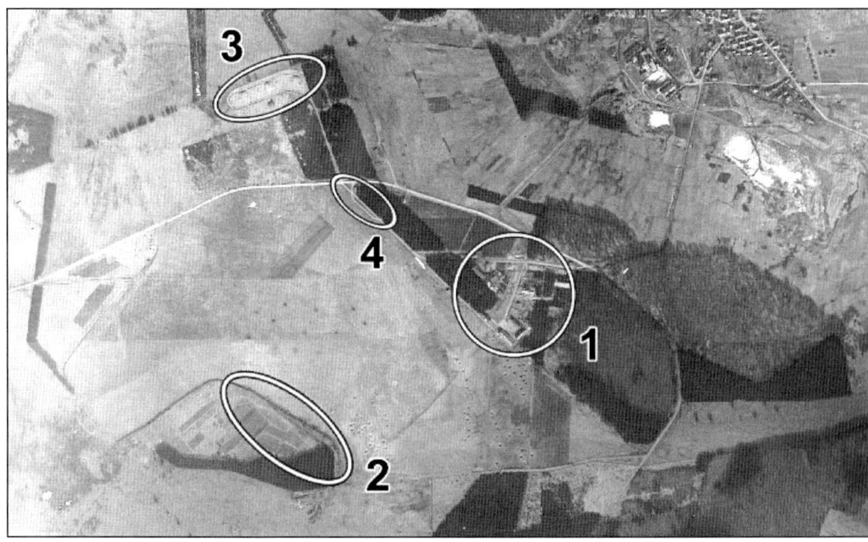

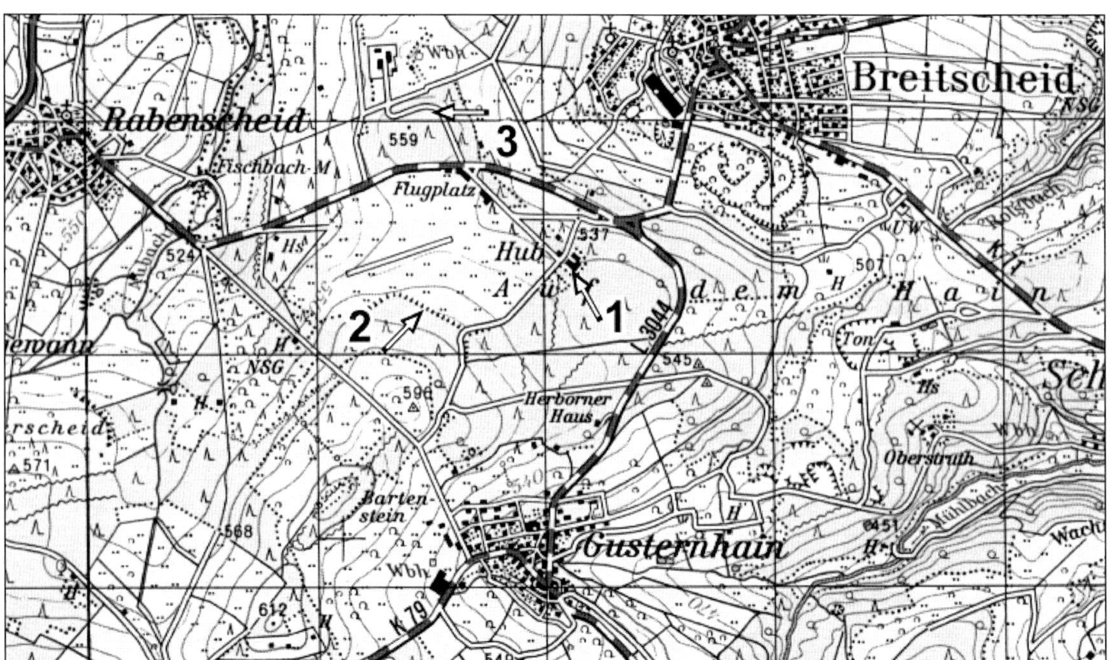

Legende zu Luftfoto und Karte:
1 = Bereich der Flugplatzgebäude und Barackenlager
2 = Waldrand mit Flugzeugabstellboxen
3 = Das Munitionsdepot mit fünf Munitionshäusern
4 = ehemaliges Tanklager im Bereich der heutigen Flugplatzgebäude

Die ehemaligen Flugplatzgebäude im Bereich 1 der Karte werden heute als Baumarkt genutzt

Vom ehemaligen RAD-Barackenlager sind u.a. die Waschtische des Sanitärgebäudes erhalten geblieben (Foto links und rechts)

Die Reste eines weiteren Gebäudes des ehemaligen RAD Barackenlagers

Von dieser ehemaligen Baracke sind die Eingangsstufen und ein Schornsteinformstein übrig geblieben

Fotos links und oben zeigen Flugzeugabstellnischen im Bereich Nr. 2 der Karte

Die stillgelegte Eisenbahnanbindung von Breitscheid, die an der Fabrik (im Bild links Schornstein) endete.

Die kleinen Fotos links zeigen die fünf Munitionsbunker vor ca. 20 Jahren, die großen Fotos deren Zustand heute (Auf der Karte Bereich Nr. 3)

Quelle kleine Fotos: : Claudio Becker, Sinn

Der Westwall in der Eifel

Im Mai 1938 gab Adolf Hitler den Befehl zum Ausbau einer Befestigungslinie entlang der Westgrenze des Deutschen Reiches. Bis zum 1. Oktober 1938 wollte er 11.800 Bunker gebaut haben. Für dieses „Bollwerk gegen den Erbfeind Frankreich“ waren 520 Millionen Reichsmark eingeplant. Und tatsächlich waren bis Ende November 1938 für das „Limesprogramm“ 2.290.000 m^2 Beton auf 700 Kilometern Länge verbaut worden. Der Westwall bestand nicht aus einer durchgehenden Betonlinie, sondern aus einem System vieler Bunker und Bunkergruppen.

Diese Anlage war ein Bluff aus Beton und hat insofern nur am Anfang des Krieges funktioniert, weil die Verbündeten des vom Deutschen Reich überfallenen Polen – Frankreich und England – während des deutschen Feldzuges gegen Polen im Westen nicht angegriffen haben. Zwischen Lörrach im Süden und der Moselpforte im Norden standen schwache deutsche Sicherungsverbände einer haushoch überlegenen französischen Armee gegenüber.

Der Westwall hatte weniger eine militärische, denn eine propagandistische Funktion. Dabei war die Bunkerkette zwischen Cleve und Lörrach nicht nur lückenhaft, sondern auch in der gerade beginnenden Ära des motorisierten Bewegungskrieges längst „Schnee von Gestern“. Hitler hatte als Gefreiter des 1. Weltkrieges den Stellungskrieg im Westen selbst erlebt und damit die geringe Schutzwirkung von Schützengräben und Erdbunkern. Er war zum Anhänger von Befestigungen geworden und ließ später noch weitere Millionen Kubikmeter Beton am sogenannten Atlantikwall von Südfrankreich bis nach Nordnorwegen verarbeiten.

Als im September 1944 der Westwall beim Anrücken der alliierten Divisionen seine Bewährungsprobe erhalten sollte, versagte er kläglich. Nördlich von Trier und bei Aachen durchstießen die Amerikaner den Schutzwall ohne Probleme. Das deutsche Heer war nicht mehr in der Lage, die Bunker zu besetzen. Dazu kam, dass die 1938/39 vorgesehene Bewaffnung entweder anderweitig verwendet oder aber für die erfolgreiche Bekämpfung amerikanischer Panzer zu schwach war.

Mit Maschinengewehren und schwachen 3,7 cm Panzerabwehrkanonen waren die Feindpanzer des Jahres 1944 nicht mehr aufzuhalten. Die vorgelagerten und kilometerlangen

Der Arbeitskamerad

Organ der DAF., der Oberbauleitung St. Wendel II des Generalinspektors für das deutsche Straßenwesen und der Bauunternehmung Sager & Woerner

DONNERSTAG, 8. SEPTEMBER 1938 — ERSCHEINT WÖCHENTLICH — FOLGE 4

Wir bauen des Reiches Sicherheit

Einheit und Größe

Beispiel des Propagandanutzens des Westwalls vom 8. September 1938 im Organ der Deutschen Arbeitsfront

Panzerhindernisse wurden zerschossen, gesprengt oder mit Erdreich zugeschüttet.

Dennoch blieben die Alliierten bis zum Februar 1945 streckenweise vor dem Westwall stehen, weil sie andere Probleme hatten. Als dann die Offensive zum Rhein startete, gab es in den Bunkern kein Halten mehr. Die deutschen Verteidiger zogen sich fluchtartig hinter den Rhein zurück.

In der Nachkriegszeit wurden viele Bunker gesprengt und mit Erdreich abgedeckt. Einige sind erhalten und sehenswert.

Quellen:
Manfred Groß, Der Westwall zwischen Niederrhein und Schnee-Eifel, 1982
Landschaftsverband Rheinland, Rheinisches Amt für Bodendenkmalpflege, Der Westwall.
Vom Denkmalwert des Unerfreulichen, Köln 1997.

Rechts: Auszug aus einem Propagandaplakat (Verkaufspreis 20 Pfennig), mit dem der deutschen Bevölkerung die Stärke und Schutzwirkung des Westwalls suggeriert worden ist.

Die Höckerlinie als Panzersperre und im vordergrund die Aufnahmevorrichtung für Straßensperre

Foto: Deutsche Propaganda

Bilder Mitte-rechts und unten: Die Fotos demonstrieren die geringe Sperrwirkung des Westwalls für die US Army

Fotos: US Signal Corps

Westwallbunker aus dem Limesprogramm

Weil zu diesem Thema zahl- und umfangreiche Dokumentationen vorhanden sind, möchte ich an dieser Stelle nur drei sehenswerte Westwallabschnitte präsentieren:

Nördlich der Dörfer Strauch und Steckenborn gibt es eine gut erhaltene Bunkergruppe im Walddistrikt „Der Buhlert“. Es handelt sich dabei um Unterkunftsbunker mit angehängtem Kampfraum und um einen MG-Kampfstand.

In diesem Waldstück verteidigten 1944/45 Einheiten der 89. Infanterie-Division und Anfang Februar 1945 Soldaten des II. Bataillons vom Grenadier-Regiment 982 der 272. Volks-Grenadier-Division. Dem Angriff der 78. US-Infanteriedivision am 5. Februar waren die ausgelaugten Kräfte nicht mehr gewachsen und wurden überrannt.

Entlang des Nordufers der Urfttalsperre sind nun nach Auflösung des Truppenübungsplatzes Vogelsang eine Reihe weiterer Bunker des Limesprogramms zu sehen. Diese wurden aber größtenteils gesprengt, dennoch lohnt sich eine Besichtigung, weil sie unmittelbar am nördlichen Uferweg des Stausees liegen.

Einen weiteren gut erhaltenen Bunker findet man zwischen Stadtkyll und Dahlem, 200 m nördlich des Bauernhofs „Am Leger“. Es ist wieder ein Unterkunftsbunker mit angehängtem Kampfstand des Regelbauwerks 11. Der Bunker hatte die Nummer 866 und beherbergte Teile des Stabes, der den Westwallabschnitt Nr. 12 zu führen hatte.

Anfang März 1945 verteidigten Reste der 18. Volks-Grenadier-Division diesen Frontabschnitt, wurden aber am 4./5. März von der 87. US-Infanteriedivision aus diesem Abschnitt geworfen.

Quelle: Landschaftsverband Rheinland, Rheinisches Amt für Bodendenkmalpflege, Der Westwall, Vom Denkmalwert des Unerfreulichen, Köln 1997

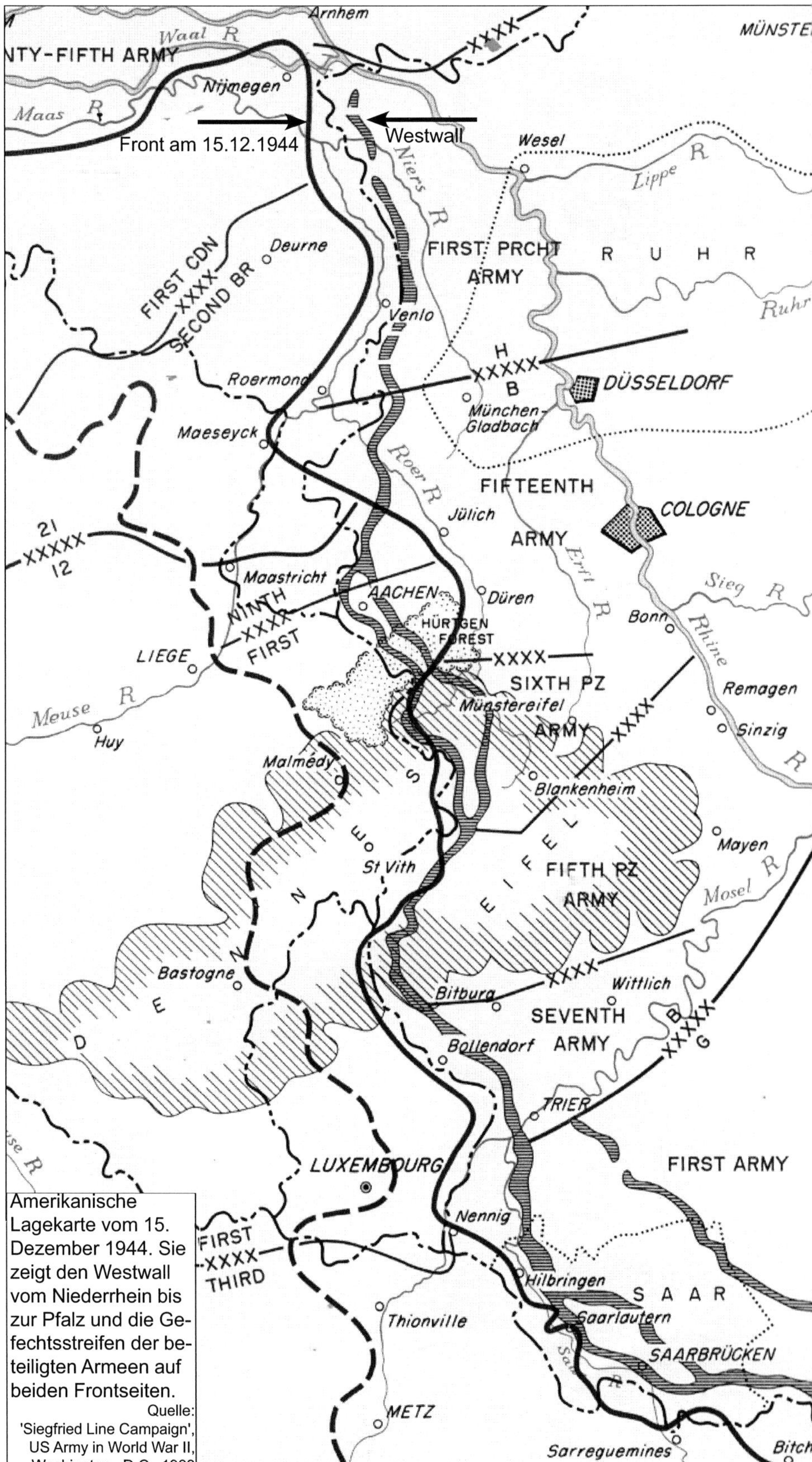

Amerikanische Lagekarte vom 15. Dezember 1944. Sie zeigt den Westwall vom Niederrhein bis zur Pfalz und die Gefechtsstreifen der beteiligten Armeen auf beiden Frontseiten.
Quelle: 'Siegfried Line Campaign', US Army in World War II, Washington, D.C., 1963

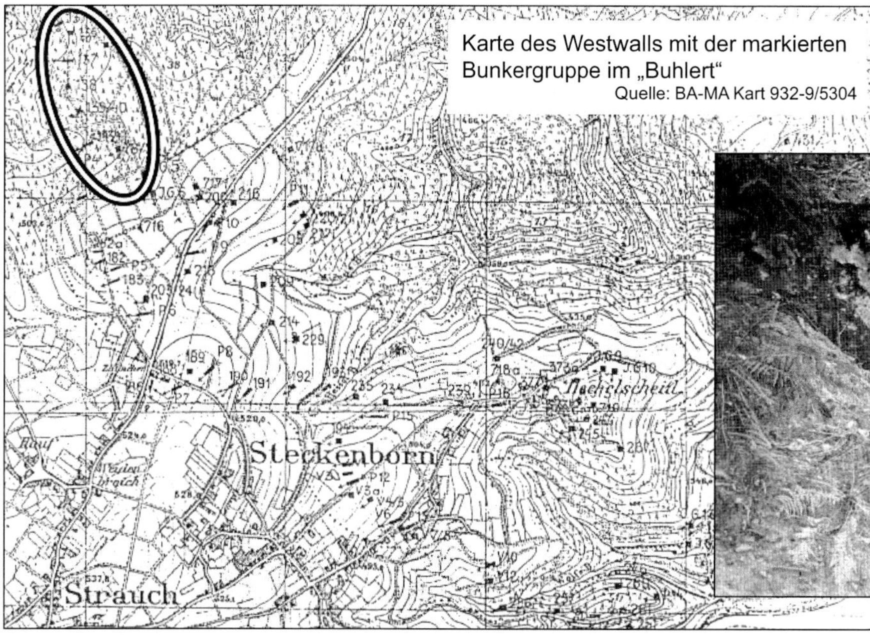

Karte des Westwalls mit der markierten Bunkergruppe im „Buhlert“
Quelle: BA-MA Kart 932-9/5304

Bild unten: Bunker Nr. 131, Regelbautyp 10, Gruppenunterstand mit angehängtem Kampfraum mit MG- und Gewehrscharte

Foto oben und unten zeigen den Bunker Nr. 135. Hierbei handelt es sich um einen MG-Schartenstand (s. oben) des Regelbautyps 32 vom Limesprogramm. Dieser Bunkertyp hatte einen Bereitschaftsraum für 5 Soldaten mit Gasschleuse und Flankierungsscharte (siehe unten).

Bunker Nr. 139/140, ein Regelbautyp 11, Doppelgruppenunterstand mit angehängtem MG-Stand. (s. Skizze S. 90)

Foto oben: MG-Scharte des Bunkers Nr. 132, baugleich mit Bunker 131
Foto unten: Rückseite von Bunker Nr. 132 mit Flanierungsscharte (links), Eingang zur Gasschleuse und Bereitschaftsraum (Mitte) und dem Eingang zum angehängten Kampfstand (rechts)

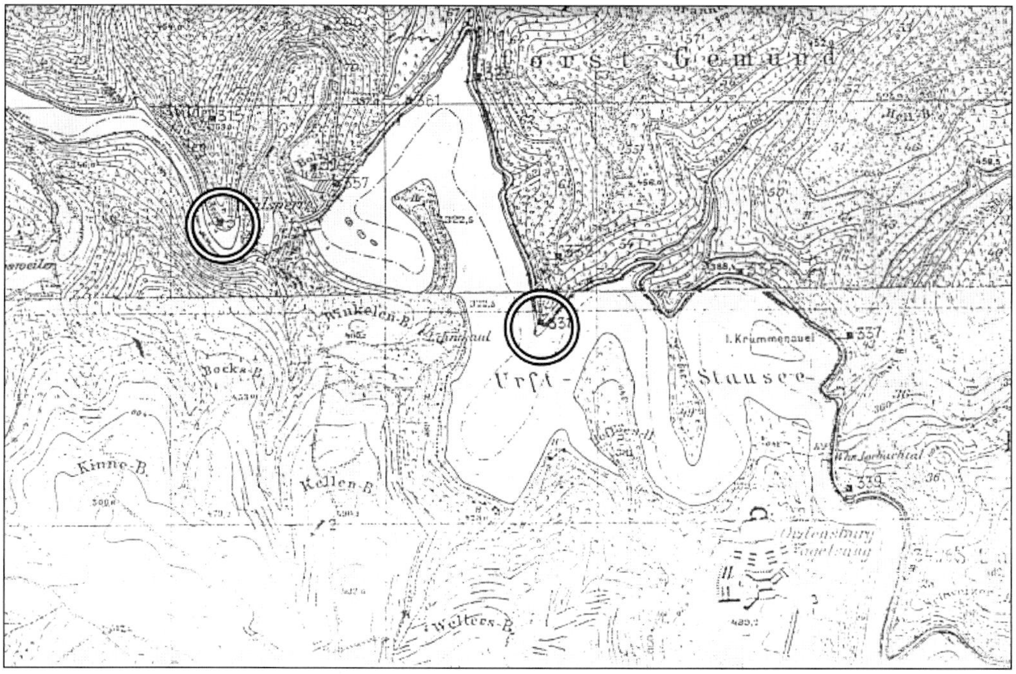

Karte des Westwalls mit dem Urft-Stausee und der Bunkerlinie aus dem Limesprogramm am Nordufer. Hier markiert sind die Bunker Nr. 317 (links) und 331 (rechts)
Quelle: BA-MA Kart 932-9/5304 + 5404

Bild oben: MG-Scharte des Bunkers 317, direkt am Wasserspiegel des Urft-Stausees gelegen.
Bild unten: Der gesprengte Teil des Bunkers 317 liegt teilweise im Stausee.

Bild oben und unten zeigen die Reste des Bunkers 331. Teilweise ist der Originalanstrich noch erhalten

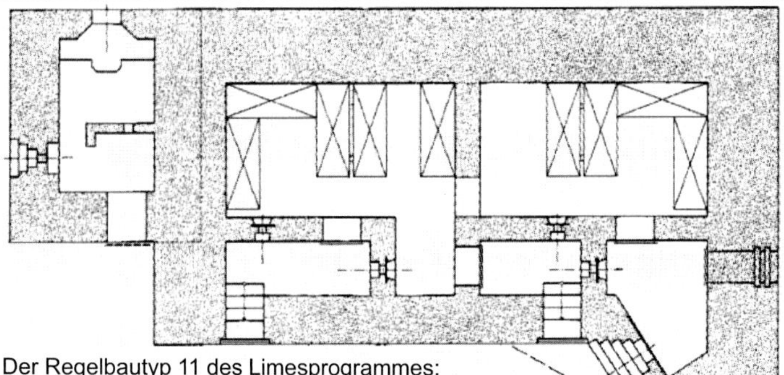

Der Regelbautyp 11 des Limesprogrammes: Doppelgruppen-Unterstand mit zwei Eingängen und Gasschleusen, Nahverteidungsscharte (rechts unten) und angehängtem Kampfraum (links mit MG-Scharte und seitlicher Scharte für Gewehr. Der Mauerdurchbruch an der rechten Bunkerseite ist für den Notausstieg.

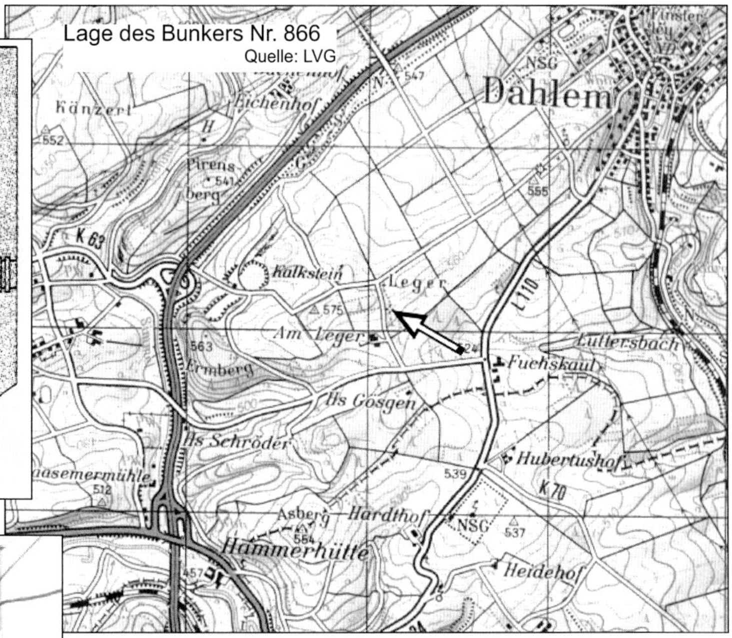

Foto oben: Kampfraum des Bunkers Nr 866 mit MG-Scharte (links) und Gewehrscharte (rechts). Das Schutzgeländer wurde vor kurzem aus Sicherheitsgründen angebracht.
Foto unten: Der Eingang zum Kampfraum (links) und der linke Eingang zu den Unterkunftsräumen (rechts). Beide sind nun Quartier für Fledermäuse

oben: rechter Eingang zu den Unterkunftsräumen mit der Nahverteidigungsscharte.
unten: Gesamtansicht der Rückseite von Bunker Nr. 866

Panzerhindernisse

Im Zuge des Westwallbaus wurden vorgelagert zur Bunkerlinie Hindernisse bebaut, die nicht nur angreifende Infanterie aufhalten sollten, sondern auch anrollende Panzerfahrzeuge.

Freie und damit panzergünstige Geländestücke sind in der Regel durch die fünf- später sechszügigen Betonhöckerlinien gesperrt worden. An Straßen- und Wegedurchlässen sind aufwändige und bewegliche Sperrvorrichtungen gebaut worden.

In manchen Geländestreifen wurden Panzergräben angelegt. Gegen Ende des Krieges und angesichts der angreifenden alliierten Panzer ließen die „Reichsverteidigungskomissare“ nahezu jede Stadt und jedes Dorf an den Einfallstraßen und rundum mit Panzergräben und Panzersperren versehen.

Panzermauern sind am Atlantikwall in Frankreich, Belgien und Holland sehr häufig betoniert worden und meist heute noch zu sehen. Am Westwall gibt es ein längeres Stück bei Aachen und ein weiteres südlich der Wüstung Wollseifen direkt nördlich der B 266.

Bild oben: Propaganda der Panzerhindernisse für das deutsche Volk

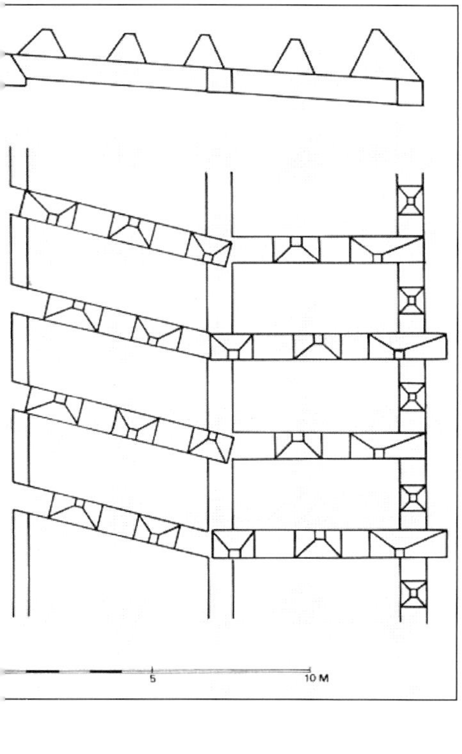

Skizze links: Aufbau einer fünfzügigien Höckerlinie

Foto rechts: amerikanische Pioniere bringen an den Betonhöckern Sprengladungen an, um eine Gasse für ihre Panzertruppen zu sprengen.
Quelle: US Signal Corps

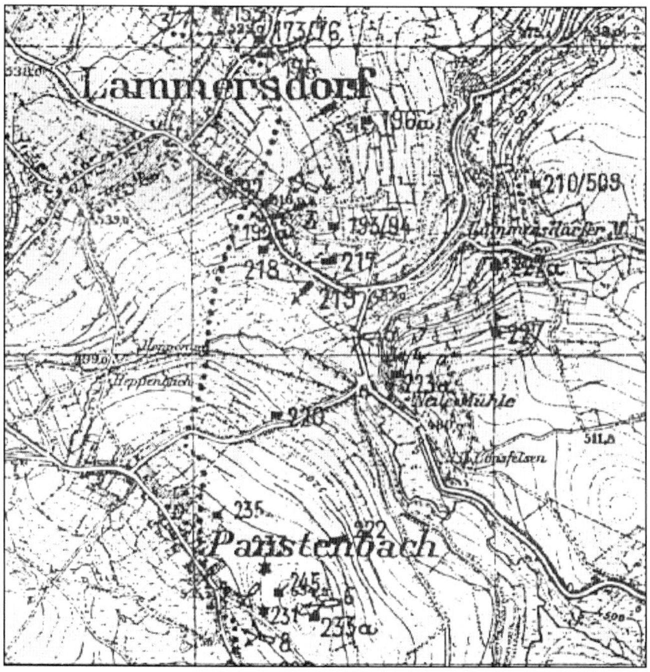

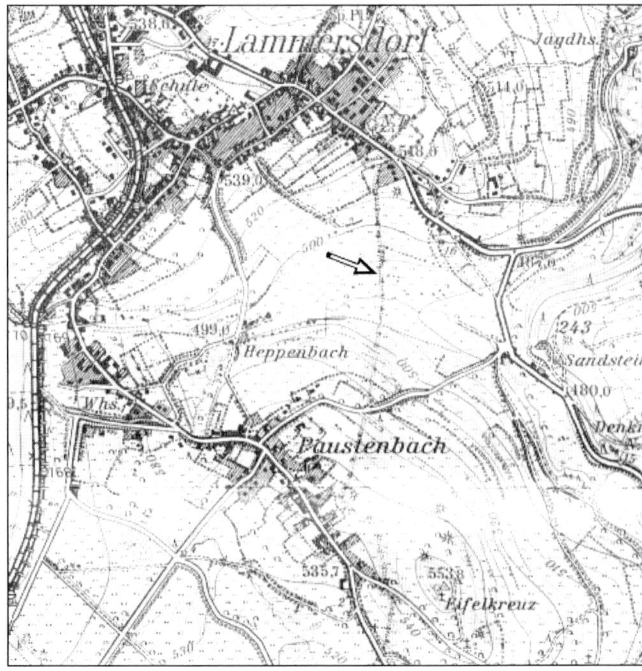

Links: Westwallkarte mit der Höckerlinie zwischen Lammersdorf und Paustenbach. Die Karte rechts zeigt den aktuellen Zustand
Quelle: Karte links BA-MA Kart 932-9/5303, rechts LVA

Blick vom Ostrand Lammersdorf nach Südwesten über die fünfzügige Höckerlinie

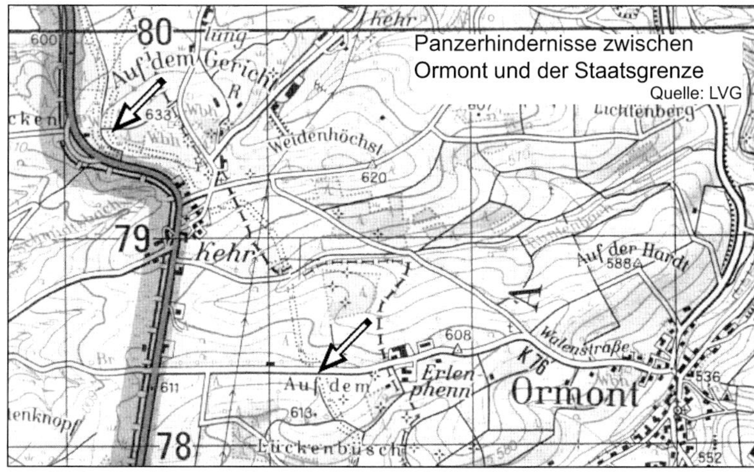

Die oberen drei Fotos zeigen den Zustand an der K 76 (unterer Pfeil). Fotos unten ziegen Panzerhindernisse "Auf dem Gericht" (Pfeil links oben).

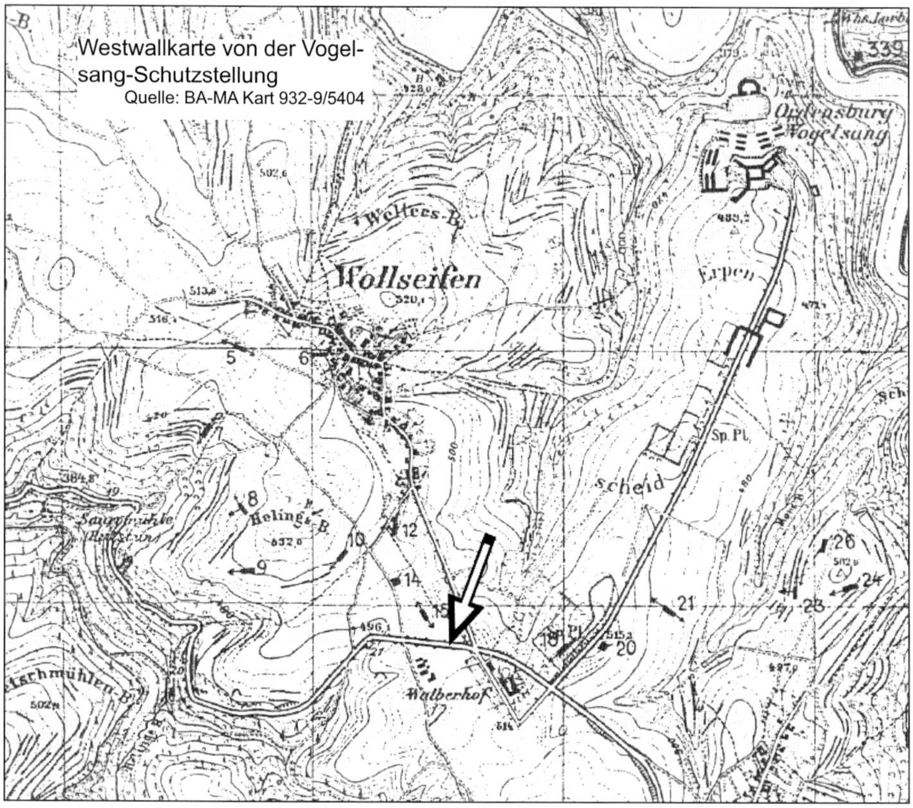

Westwallkarte von der Vogelsang-Schutzstellung
Quelle: BA-MA Kart 932-9/5404

Panzermauer entlang der Bundesstraße 266 zwischen Wollseifen und Walberhof im Zuge der Vorgelsang-Vorstellung. Sie diente der Flankensicherung. Eine weitere Panzermauer des Westwalls ist westlich von Aachen erhalten geblieben. Viele Kilometer dieses Panzerhindernisses sind am Atlantikwall betoniert worden.

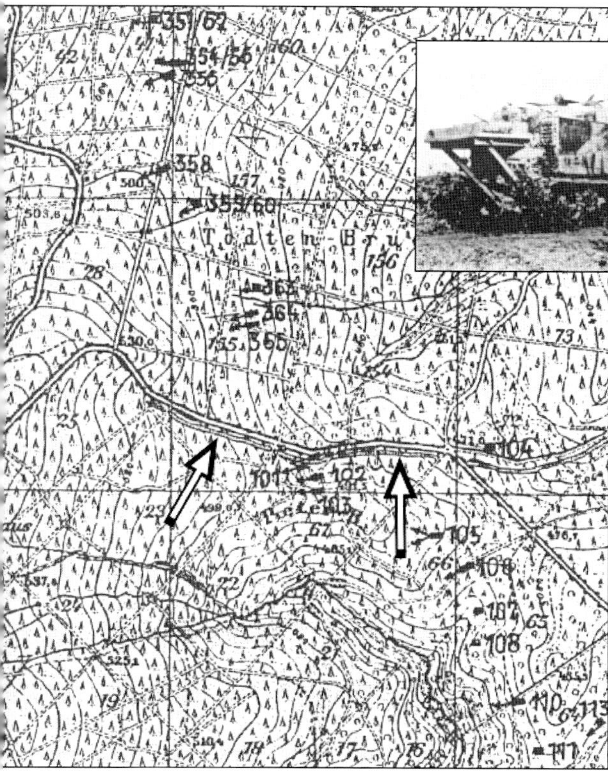

Westwallkarte des Bereichs Raffelsbrand – Peterberg, in dem ein Panzergraben direkt südlich der B 399 im Waldrand zu sehen ist.
Quelle: BA-MA Kart 932-9/5303

Das Foto oben zeigt einen amerikanischen Pionierpanzer mit Auslegebrücke zur Überwindung von Panzergräben im Einsatz
Quelle: LVA

Der Panzergraben im westlichen Bereich (Pfeil links)

Der Panzergraben am Nordrand des Peterberges (Pfeil rechts)

Die Luftverteidigungszone (LVZ) West

Bereits ab 1938 wurde an der Westgrenze mit dem Bau des Westwalls und der Luft-Verteidigungs-Zone begonnen. Mit diesen reinen Defensivanlagen wollte man den Nachbarländern zeigen, dass Deutschland nichts Böses im Schilde führte. Die Reichsführung wollte aber auch Entschlossenheit demonstrieren, Souveränität und zurückgewonnenes Selbstwertgefühl zeigen.

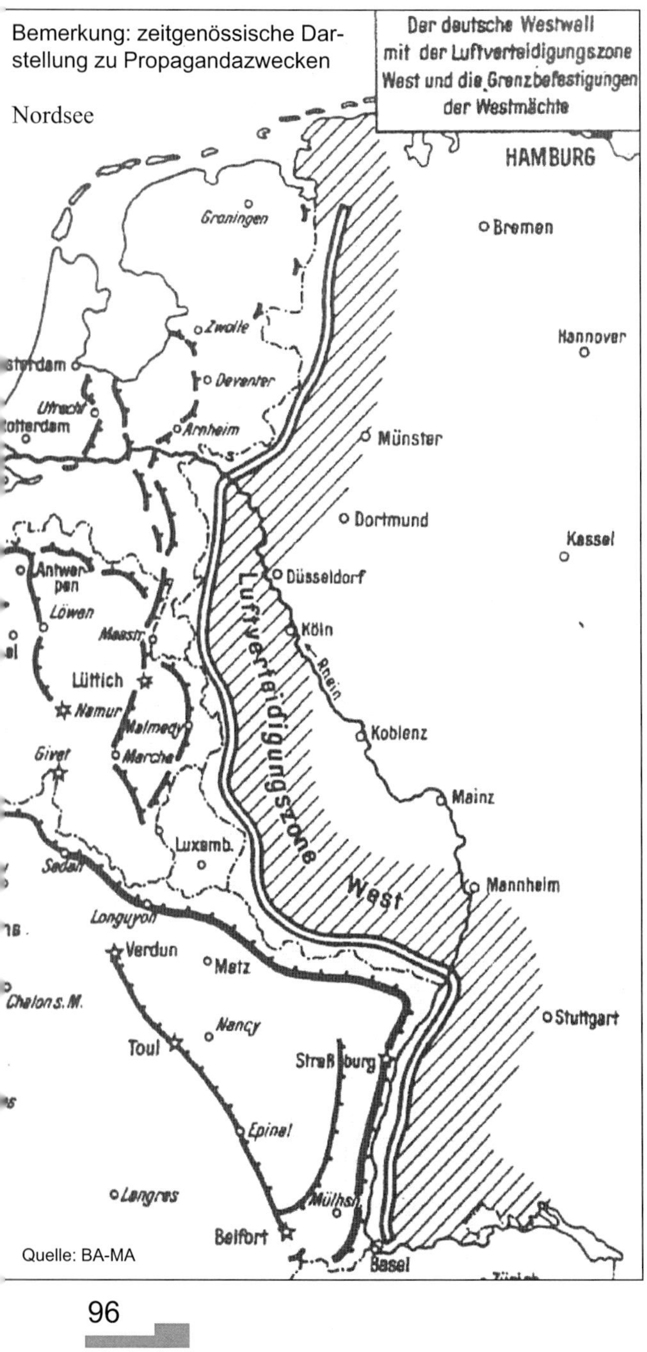

Bemerkung: zeitgenössische Darstellung zu Propagandazwecken

Quelle: BA-MA

Die Konzeption dieser Anlagen war noch dem taktischen Denken des I. Weltkrieges verpflichtet und im Prinzip eine teure Fehlinvestition. Dennoch verstand es die Propaganda, den Bau so in Szene zu setzen, dass sowohl die eigene Bevölkerung als auch der spätere Feind großen Respekt vor beiden „Bollwerken" hatten.

Die LVZ-West lag ostwärts des Westwalls und sollte den Einflug von feindlichen Kampfflugzeugen mit 197 schweren und 48 leichten Flak-Batterien verhindern.

In einem Vortrag wurde versprochen: *Bei voller Besetzung der LVZ stößt der Feind auf eine lückenlose Feuersperre. Der Einsatz ist derart, dass in einer Flughöhe von 7000 m eine dreifache Überlagerung in einer Tiefe von 3-4 Flugminuten gegeben ist ...*

Neu ist die Flak-Aufstellung in einem lückenlosen Zusammenhang an der ganzen Grenzfront. Solche Aufstellung hat noch kein Staat. Der Franzose hat von Belfort bis nördlich Metz 80 – 100 Batterien, die aber alle noch am Objektschutz kleben und das gibt Lücken, durch die der Kampfflieger immer noch durchfliegen kann, ohne die Gipfelhöhe aufsuchen zu müssen.

Dagegen muss der französische Kampfflieger 2-mal (beim Ein- und Rückflug) durch das Feuer der LVZ hindurch.

In der Realität sah es so aus, daß die Luftverteidigungszone ein Papiertiger war und blieb. Gleiches galt für den Westwall, der zu Anfang des Krieges eine psychologische Wirkung, aber beim Anmarsch der Alliierten keinerlei Sperrwirkung hatte.

Die schweren Batterien der LVZ hatten normalerweise vier bis fünf 8,8 cm Flaks in betonierten Ringbettungen und manchmal einige 2 cm Flaks zur Tieffliegerabwehr. Für die Bedienungen standen Mannschaftsbunker und für die Munition Munitionsbunker zur Verfügung. Die Batterieführung hatte einen Kommandobunker mit Panzerkuppel.

Bei Kriegsende waren die meisten der LVZ-Batterien ins Hinterland verlegt worden, jedenfalls spielten sie keine Rolle bei der Verteidigung der Heimat.

Teilweise sind die Ringstände für die Flaks erhalten geblieben, in Einzelfällen auch mehr.

Quellen:
BA-MA, Freiburg, RL 7 –77
Manfred Groß, Bunkerstellungen der LVZ West im Rheinland und Hitlers Hauptquartier in Bad Münstereifel-Rodert, 2001

Eine typische Batteriestellung der LVZ West

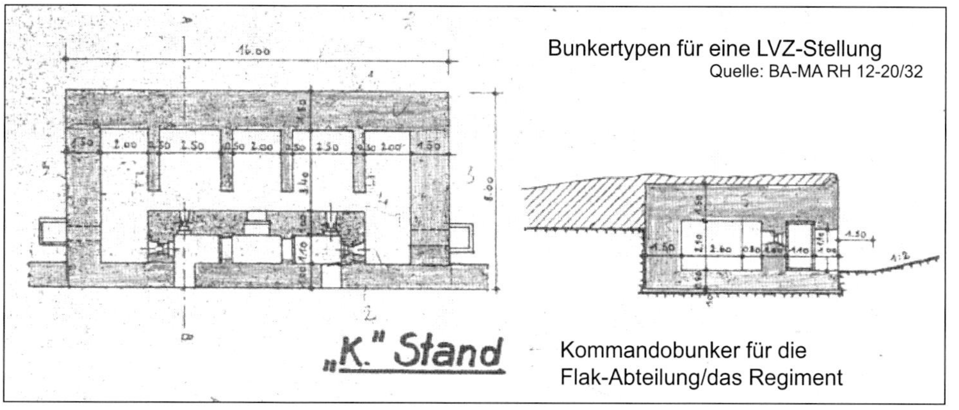

Bunkertypen für eine LVZ-Stellung
Quelle: BA-MA RH 12-20/32
Kommandobunker für die Flak-Abteilung/das Regiment

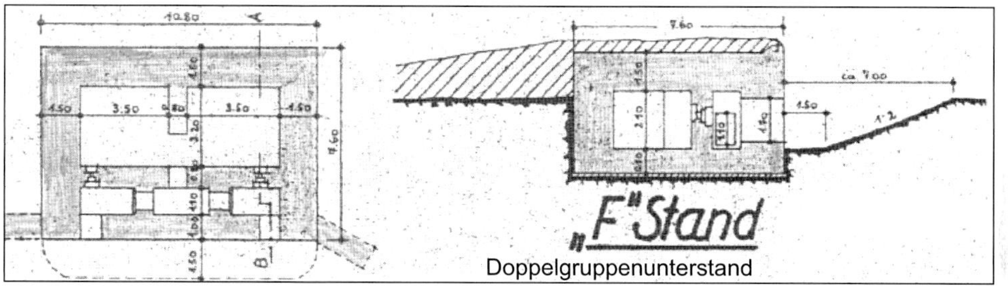

Doppelgruppenunterstand

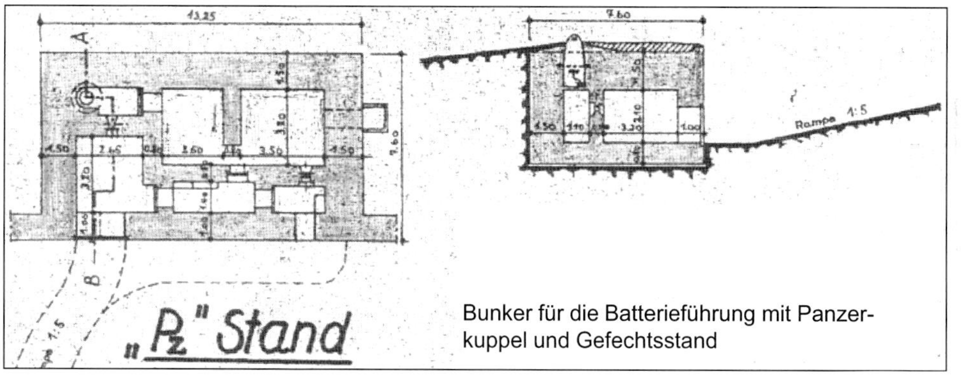

Bunker für die Batterieführung mit Panzerkuppel und Gefechtsstand

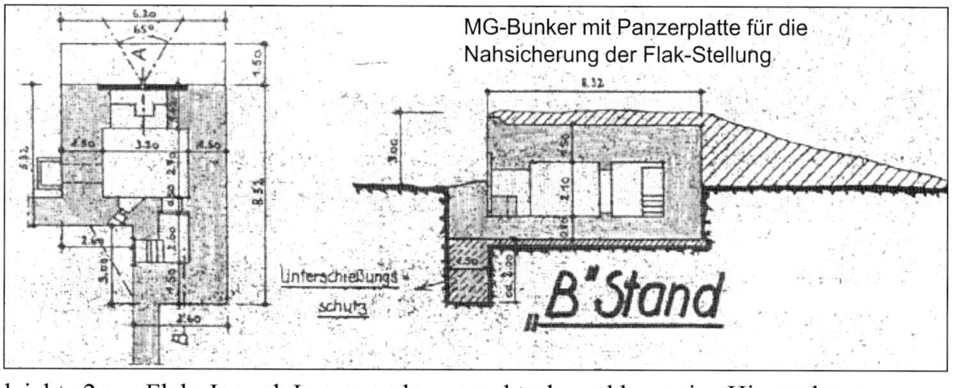

MG-Bunker mit Panzerplatte für die Nahsicherung der Flak-Stellung

Bei diesen schweren Fliegerabwehrbatterien wurden zwei Typen verwendet: die voll ausgebaute, d.h. das verbunkerte Modell und die nur beschränkt ausgebaute Stellung. Hier wird das voll ausgebaute Beispiel vorgestellt. Zugrunde liegt ein Auszug aus der Anlage 4 zum Dokument Nr. 924/38 des Kommandos der LVZ West vom 12.11.1938.

Die Stellung bestand normalerweise aus:

1. Befestigten Geschützständen für schwere oder leichte Geschütze mit Munitionsnischen aus leichten Betonplatten oder Mauerwerk und befestigten Anfahrtrampen.
2. Zwei befestigten Ständen für Kommandogeräte ähnlicher Bauart.
3. Einem Kommandeur-Stand („K" Stände) für die Führer von Flakuntergruppen.
4. Mehreren Bereitschaftsräumen für Bedienungsmannschaften, „B"-Stände nach Konstruktion des Führers oder „V"-Stände (= Vorderhangstände).
5. Einem Beobachtungsstand für Beobachter mit Sehschlitz für Scherenfernrohr, (behelfsmäßig) betonierter„B"-Stand oder statt dessen
6. Einem Beobachtungsstand mit Panzerkuppel („Pz.-Stand).
7. Mehreren Munitionsräumen („M"-Bunker).
8. Einer Wasserversorgungsanlage verschiedener Art.
9. Strassensperren.
10. Armierungsschuppen für Stellungsbau und -Hindernisgerät.

Bei dieser Stellungsart sollten befestigte Anmarschwege, vier Geschützstände, zwei Kommandostände, bzw. Stände für Entfernungsmesser, sechs Bereitschaftsräume („F" oder „V"), drei Munitionsräume („M"-Bunker) und Wasserversorgungsanlagen vorhanden sein.

Manchmal gab es noch einen abgesetzten 5. Geschützstand und 1-2 kleinere Geschützstände für eine leichte 2 cm-Flak. Je nach Lage wurde der Batteriebereich durch einen verbunkerten MG (Maschinengewehr) - Stand gesichert.

Die voll auszubauenden Batteriestellungen sollten als Infanteriestützpunkte brauchbar sein. Hierzu konnten einzelne Unterstände 200-300 m von der Hauptstellung abgesetzt sein. Gutes Schussfeld musste für alle Anlagen gegeben sein.

Quelle: BA-MA RL 7 / 77 RH 32/2924.

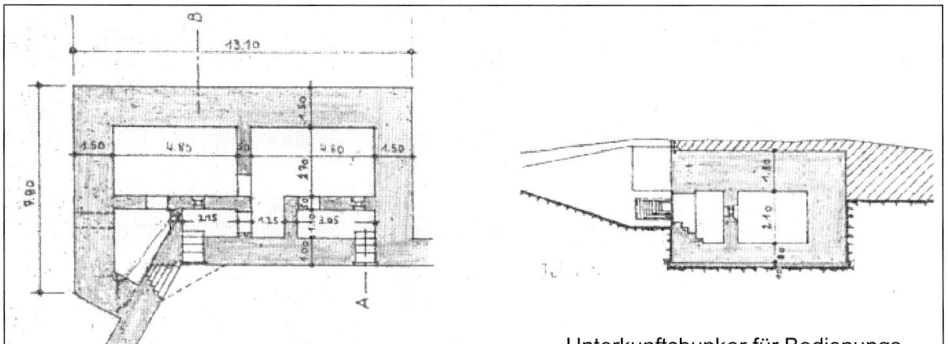

„U." Raum

Unterkunftsbunker für Bedienungs-personal mit Nahbereichsscharte

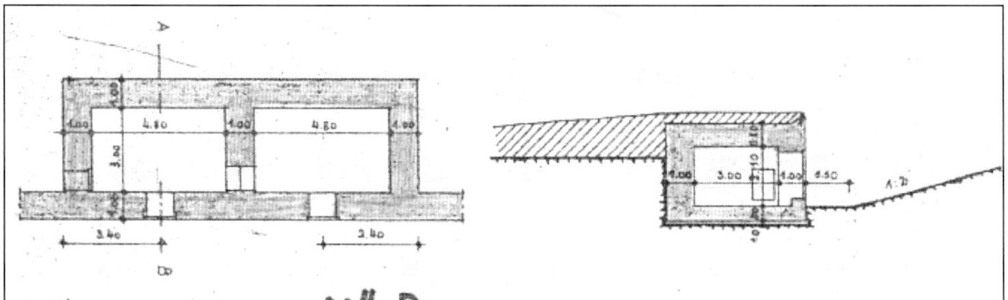

„M." Raum

Bunker für die Flak-Munition

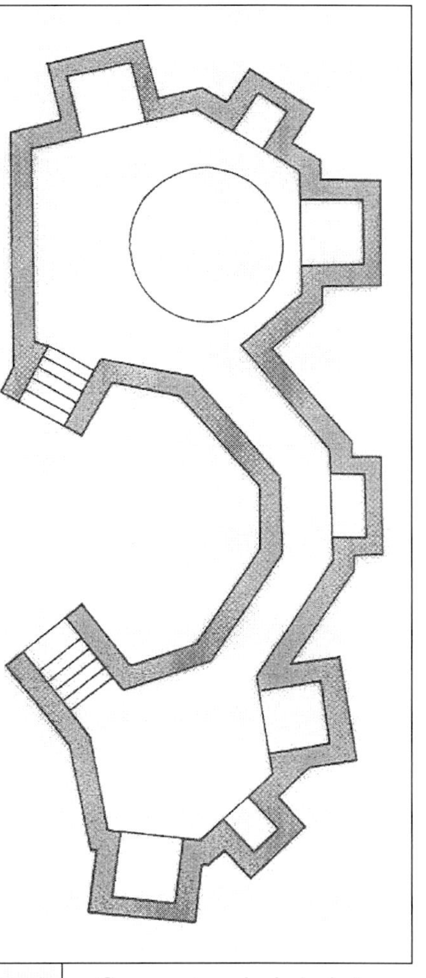

Gemauerter oder betonierter offener Stand für das Kommandogerät und für Führungs-personal

Kommandogerät 36 für die Feuerleitung der Flak-Batterie

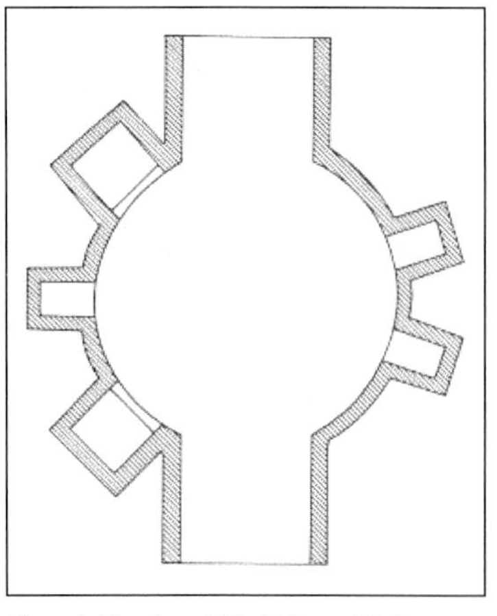

Geschützstand für 8,8cm-Flak mit fünf Munitionsnischen und offener Zu- und Ausfahrt. Diese wurden mit Sandsäcken und Bohlen zum Splitterschutz verschlossen

Die ausgebaute LVZ-Stellung bei Brockscheid

Etwa 1,1 km nordnordwestlich des Klockengießerdorfes Brockscheid in der Eifel liegen die Reste einer ausgebauten LVZ-Stellung. Brockscheid ist über die Autobahn A 48, Abfahrt Daun oder Manderscheid, zu erreichen. Die Stellungsreste liegen in der Straßengabel, die nach Tettscheid bzw. Trittscheid führt.

Die Betontrümmer mehrerer Gruppenunterstände „B" ragen bizarr in den Himmel. Von einigen Geschützringständen sind Teile der Mauern mit Munitionsnischen erhalten geblieben. Die Grundmauern und das kreisrunde Fundament für den Entfernungsmesser im offenen Kommandostand sind erkennbar. Alle anderen Trümmer sind nicht genau zuzuordnen. Etwa 600 Meter nordostwärts der Stellung findet man am Waldrand beim Forsthaus, direkt neben der Straße, den relativ gut erhaltenen Gefechtsstand-Bunker („K"-Stand), in der Topografischen Karte als *ehem. Flakhaus* bezeichnet.

Die südlich benachbarte LVZ-Stellung bei Hasborn liegt 9,5 km im Südsüdosten und 1,5 km nördlich von Hasborn am Mohrenlei-Berg. Dort sind fast alle Anlagen restlos entfernt worden. Hier waren die Bedienungsmannschaften in Baracken untergebracht. Am ostwärtigen Waldrand habe ich noch ein Barackenfundament gefunden.

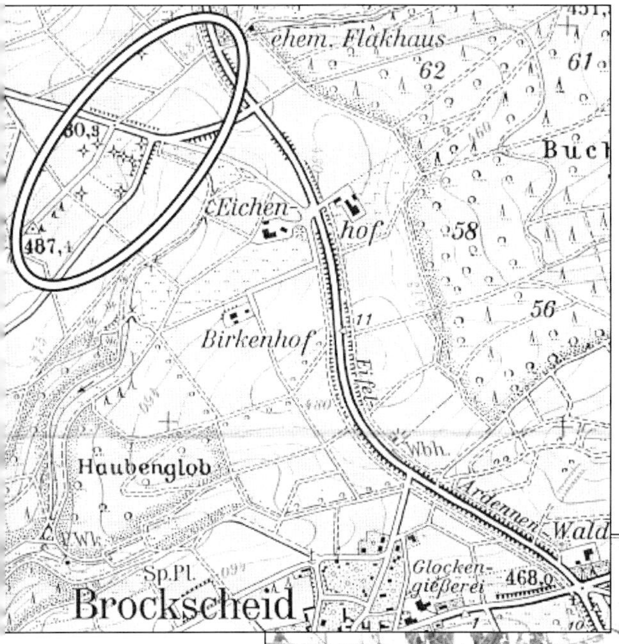

Lage der LVZ-Batterie nördlich von Brockscheid
Quelle: LVG

Gesprengte Öffnung im K-Stand

Rückseite des K-Standes an der Eifel-Ardennen-Straße beim ehemaligen Flak-Haus

Blick vom Punkt 487,3 nach Norden über die Reste des westlichen Batteriegeländes

Ein gesprengter F-Stand-Unterkunftsbunker

Ein gesprengter Bunker, Typ unbekannt

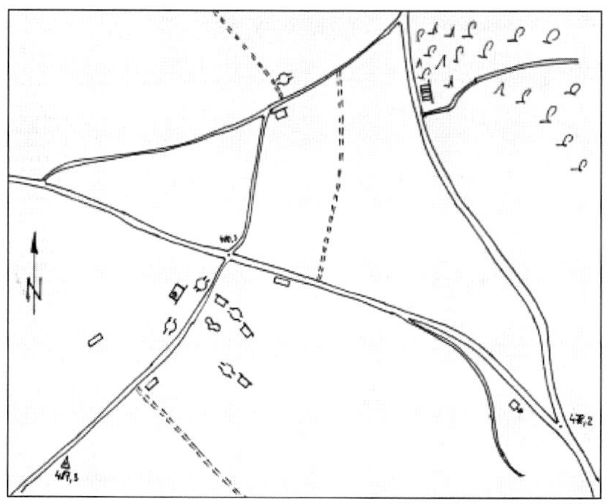

Überblcik über das Batteriegelände mit den verschiedenen Bunkertypen

Die Reste des Standes für das Kommandogerät 36

Von diesem zugeschütteten Geschützstand kann man noch zwei Munitionsnischen sehen

Die gesprengten Reste eines unbekannten Bunkertyps

Die drei oberen Fotos zeigen die teilweise zugeschütteten Geschützstände. Stellenweise sind die Munitionsnischen noch offen.

Auf dem Morenleiberg, 1,5 km nördlich von Hasborn, stand eine LVZ-Batterie-Stellung, die jedoch nach dem Krieg fast ganz dem Erdboden gleichgemacht worden ist. Einzig erhalten geblieben sind Betonfundamente von den Unterkunftsbaracken im Waldrand östlich der Stellung.

Die ausgebaute LVZ-Stellung Vogelsang

Auf dem ehemaligen Truppenübungsplatz Vogelsang am Urftstausee in der Nordeifel ist eine zerstörte Stellung erhalten. Sie verfügt über vier noch sichtbare Geschützstände und eine abgesetzte Feuerstellung. Es gibt die Reste von fünf Gruppenunterständen, einem offenen Stand für das Kommandogerät und dem Panzerkuppelstand. Im Südosten abgesetzt finden sich die Reste eines „K"-Gefechtsstandes, die dreier Munitionsbunker und ein MG-Schartenstand.

Die Stellung Vogelsang liegt 13 km vor der LVZ-Kernzone, in der zweiten Westwalllinie, aber 10 km hinter der 1. Westwallstellung. Sie war in die Nahsicherung der Ordensburg Vogelsang (2,5 km im Osten) einbezogen. Für die Luftverteidigung des Reiches galt die Stellung als „Vorwarner".

Quelle:
Manfred Groß, Bunkerstellungen der LVZ West im Rheinland und Hitlers Hauptquartier in Bad Münstereifel-Rodert, 2001

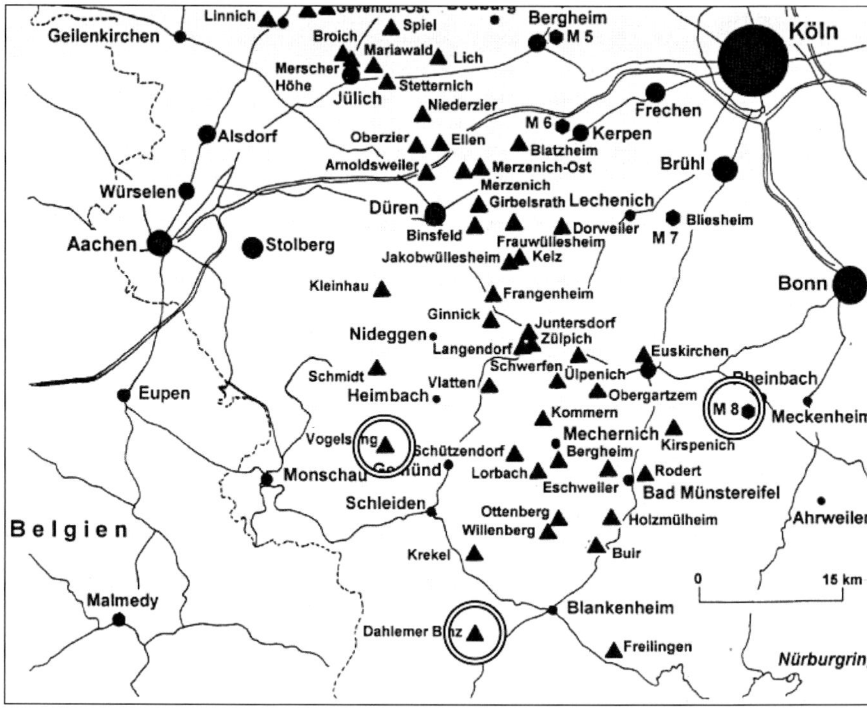

Übersichtskarte mit den LVZ-Einrichtungen in der nördlichen Eifel. Mit Kreisen markiert sind die Stellungen bzw. das Munitionsdepot welche in der Folge vorgestellt werden

Quelle: Manfred Groß , LVZ West

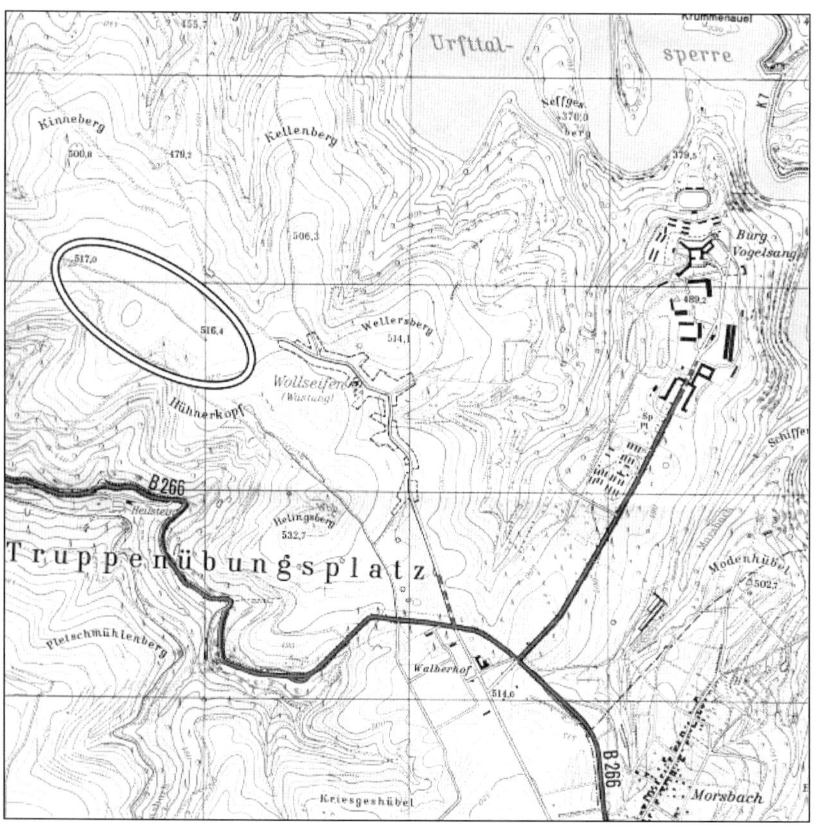

Die Lage der LVZ-Stellung Vogelsang auf dem ehemaligen Truppenübungsplatz. Quelle: LVA

Bilder rechts: gesprengte Bunkerreste dieser Stellung

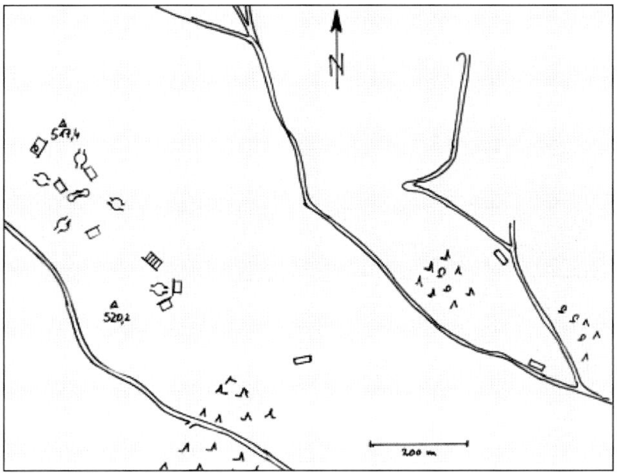

Überblick der LVZ-Stellung Vogelsang mit den verschiedenen Bunkertypen

Die abgesprengte Decke eines F-Standes

Drei angesprengte Geschützstände der LVZ-Stellung Vogelsang

Der ehemalige Truppenübungsplatz Vogelsang, der bis 2005 von der belgischen Armee betrieben worden ist, ist nun Bestandteil des Naturparks Nordeifel. Das Gelände ist unter Führung von Parkrangern zu besichtigen. In der Burg Vogelsang ist ein Informationszentrum für Besucher vorhanden.

LVZ Stellung Schmidtheim / Dahlemer Binz

Auch diese vollausgebaute Batteriestellung lag als „Vorwarner“ westlich der LVZ-Kernzone.

Obwohl hier nach dem Kriege fast alle Bunker gesprengt worden sind, lohnt sich ein Besuch.

Die abgesetzte Flakstellung ist bestens erhalten und auf einem Wasserbunker mit 40 m³ Fassungsvermögen gebaut. Unmittelbar daneben befindet sich ein neuerer Wasserbehälter.

150-250 Meter nordostwärts von dieser Stellung ist der eigentliche Batteriebereich, deren Bestandteile sämtlich gesprengt und teils mit Erdreich abgedeckt worden sind. Teile der Ringstände, wie z.B. Munitionsnischen, sind aber noch zu erkennen. Bei den Sprengarbeiten hat man den Panzer-Stand, etwa 250-300 m ostwärts der abgesetzten Stellung im Nadelhochwald (Jagen 51) gelegen, nicht nachhaltig zerstört, sodass die Raumaufteilung, die Hofseite und die Öffnung für die Panzerkuppel in der Bunkerdecke gut zu erkennen sind.

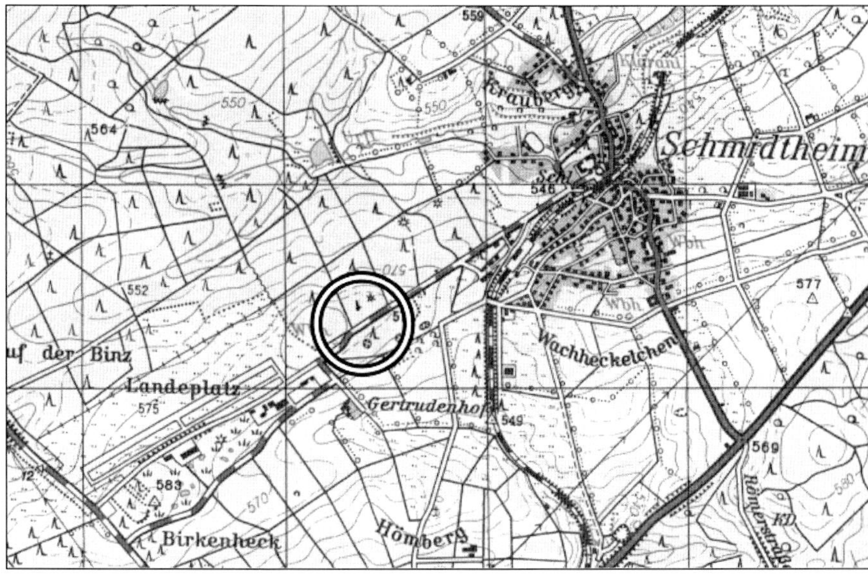

Karte:
Lage der LVZ-Stellung Schmidtheim
Quelle: LVG

Großes Foto:
Der komplett erhaltene Geschützstand für die 8,8cm-Flak steht auf einem Wasserbunker

Fotos unten:
Munitionsnischen links und rechts im Geschützstand

Foto oben: Die Hofseite des Wasserbunkers, auf dem der zuvor gezeigte Geschützstand steht.

Kleine Fotos: Die Reste von zwei gesprengten Geschützständen nordostwärts des erhalten gebliebenen Geschützstandes

Drei Fotos unten: Die gersprengten Reste des Panzerstandes, der ca. 300 Meter ostwärts des Wasserbunkers im Nadelhochwald liegt.

Das Munitionsdepot M 8 bei Rheinbach für die LVZ

Für den Munitionsnachschub der LVZ-Stellungen wurden ca. 16-23 km hinter den Flakbatterien Depots gebaut, die in der Nähe von Entladebahnhöfen liegen mussten und gute Straßenverbindungen zu den Batterien hatten.

Die südlichste im heutigen Nordrhein-Westfalen ist das Depot M 8 südwestlich von Rheinbach. Am Dreeser Weg, der nach Süden von der Münstereifeler Straße abgeht, liegt das Depotareal. Ein Weg umschließt ein Gelände, auf dem 18 Hallen für Munition standen. Die Betonfundamente und die Bodenplatten der Gebäude haben die Maße von etwa 9 x 12 Meter. Die Außenmauern bestanden meist aus Ziegelsteinen, das wenig geneigte Satteldach wurde betoniert und mit Dachpappe isoliert. Zum Verschließen an der Wegeseite gab es Schiebetore aus Holz. Direkt am Dreeser Weg lag das Verwaltungsgebäude, in dem auch die Wache Dienst tat. Gegenüber, unter dem Erdhügel, ist der Rest des Luftschutzraums, in dem jetzt Fledermäuse leben.

Bombentrichter im gesamten Gelände zeugen von Bombenangriffen auf das Munitionsdepot.

Quelle: Manfred Groß, Bunkerstellungen in der Luftverteidigungszone West im Rheinland und Hitlers Hauptquartier in Bad Münstereifel-Rodert, Leinburg 2001

Gedenkstein am Rundweg innerhalb des ehemaligen LVZ-Munitionsdepots M 8 bei Rheinbach. Gezeigt wird der Mantel einer 227kg-US-Sprengbombe.

Die Lage des Munitionsdepots M 8 für die Luftverteidigungszone West im Wald südwestlich von Rheinbach

Quelle: LVA

Die Fundamente der Verwaltungsbaracke am Dreeser Weg

Fotos oben und rechts Mitte: Die zerstörten Fundamentsreste von Munitionshäusern

Im Geländebereich sind viel Bombentrichter, die von amerikanischen Luftangriffen auf das Depot zeugen.

Die Fluglöcher für Fledermäuse am früheren Luftschutz-Unterstand, der sich gegenüber des Verwaltungsgebäudes am Dreeser Weg befand.

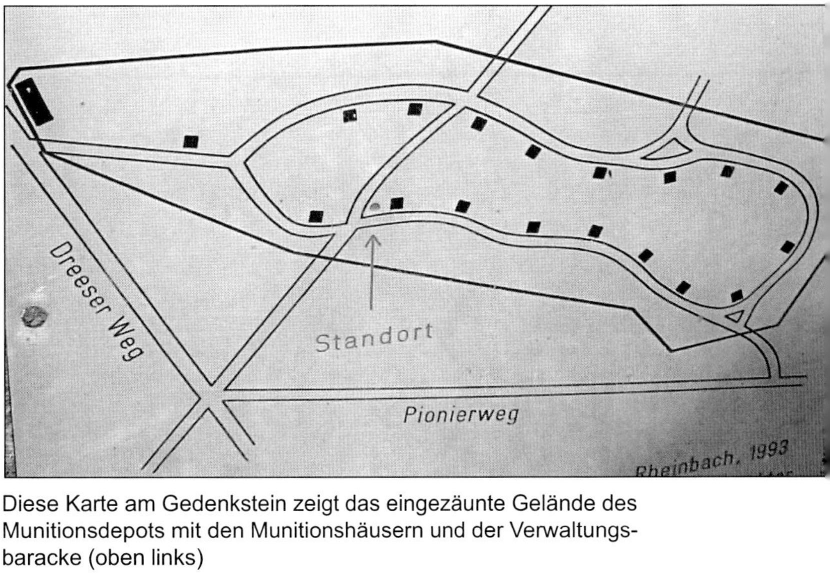

Diese Karte am Gedenkstein zeigt das eingezäunte Gelände des Munitionsdepots mit den Munitionshäusern und der Verwaltungsbaracke (oben links)

Wolfgang Gückelhorn

Eingestellte Reichsautobahnbaustellen im Kottenforst und nördlich Koblenz

Mit der Machtübernahme 1933 hat Adolf Hitler das bereits bestehende Autobahnbauprogramm erweitert und mit dazu genutzt, das Heer der Arbeitslosen durch staatliche Bauprojekte zu verringern. Immerhin waren auf dem Höhepunkt der Bautätigkeit 125.000 Arbeiter beschäftigt

In unserer Region waren Ende der Dreißiger Jahre die Neubaustrecken Bonn-Trier und Trier-Kaisersesch-Koblenz-Dernbach in Planung und Bau. Zunächst wurden zivile Arbeiter unter Regie der Organisation Todt und ab 1940 auch Zwangsverpflichtete bzw. Kriegsgefangene eingesetzt. Am 3. Dezember 1941 verfügte Fritz Todt eine allgemeine Beendigung der Arbeiten an den vielen Baustellen der Reichsautobahn (RAB). Ursache dafür war nicht nur der Arbeitskräftemangel, sondern auch eine Prioritätenänderung zugunsten des Atlantikwallbaus und der Instandhaltung der Verkehrswege an die Ostfront. Beides war also durch die Kriegsführung bedingt. Mehrmals hatte die deutsche Generalität den Autobahnen jeglichen militärischen Nutzen abgesprochen. Der allgemeine Treibstoffmangel für Verbrennungsmotoren beließ die Reichsbahn in ihrer Hauptrolle als Träger militärischen Verkehrs.

Die RAB-Verbindung Bonn-Trier lief von Bonn aus nicht auf der heutigen Trasse, sondern weiter südostwärts durch den Kottenforst, direkt an Villiprott vorbei. Das Luftfoto zeigt treffend die schon geschlagene Schneise durch die Wälder. Am Nordrand von Villiprott wollte damals der Schreiner Josef Schmitz eine RAB-Raststätte bauen. Er beantragte die Baumaßnahme bei der Dienststelle Reichsautobahnen und erhielt am 9. Oktober 1939 die Baugenehmigung. Das heute noch stehende Landhaus

Durch diese Propaganda wurde dem Volk vorgegaukelt, dass der Autobahnbau durch die nationalsozialistische Führung erfunden worden ist. Dabei waren die Pläne für diese Kraftverkehrsstraßen bereits in den 20er Jahren entwicklet worden. So wurde z.B. die spätere BAB 555 (Köln-Bonn) im Sommer 1932 durch den damaligen Kölner Oberbürgermeister Konrad Adenauer für den Verkehr freigegeben.

wurde 1941 fertig, konnte aber nicht die vorgesehene Verwendung finden, weil Anfang 1942 der Weiterbau der Autobahn eingestellt wurde.

Direkt nördlich von Koblenz bei Bubenheim wurde gleichzeitig für die Verbindung von Trier zum Dernbacher Dreieck ein Überführungsbauwerk der RAB über die Straße von Bubenheim nach Mühlheim gebaut. Nach dem Krieg wurde jedoch die Autobahntrasse weiter nach Norden verlegt, sodass das fertige Brückenbauwerk keine Verwendung mehr fand.

Für diese RAB-Baustelle war von Ende 1939 bis ins Jahr 1942 hinein im Distrikt „Eiserne Hand“ ein Zwangsarbeitslager für ca. 800 teils jugendliche

Baukolonne mit den damiligen technischen Hilfsmitteln bei Bau einer Autobahntrasse

Polen errichtet wurden. Diese waren ohne Gerichtsverfahren aus ihrer Heimat verschleppt und von der Gestapo in „Schutzhaft“ genommen worden. Mit einem Sammeltransport in überfüllten Güterwaggons waren sie bis zum Bahnhof Bassenheim transportiert worden. Von dort wurden sie durch SS-Leute mit scharfen Hunden zum Lager „Eiserne Hand“ getrieben. Dieses Lager war offiziell eine Außenstelle der Justizvollzugsanstalt Koblenz mit Personal von der JVA Wittlich. Die Zwangsarbeiter hatten unter der schlechten Behandlung der Aufseher, Vorarbeiter und der Lagerführung zu leiden.

Mitte 2000 wurde nach vielen Anläufen eine sogenannte Zwangsarbeiterstiftung mit dem Namen Erinnerung, Verantwortung und Zukunft gegründet. Das Stiftungskapital von 5,1 Milliarden Euro brachten die Bundesrepublik Deutschland und die deutsche Wirtschaft je zur Hälfte auf. Die Stiftung zahlte bis Anfang 2007 rund 4,4 Milliarden Euro an 1,7 Millionen ehemalige Zwangs- und Sklavenarbeiter in 100 Ländern aus. Die Gelder erreichten jedoch nur noch einen kleinen Teil der ehemals 10 Millionen Zwangsarbeiter, mit denen das Naziregime die Rüstungs- und Kriegswirtschaft in Betrieb hielt. Je nach Einstufung bekamen die Opfer 2556 bis 7669 €, und anders als bei vorherigen Entschädigungsleistungen gab es in diesem Fall durch ein detailliertes Kontrollsystem keine Unregelmäßigkeiten. Die Bundesrepublik Deutschland hat bis heute etwa 67 Milliarden Euro aus Steuermitteln für die Entschädigung und Wiedergutmachung des nationalsozialistischen Unrechts geleistet.

Quelle:
Mythos Reichsautobahn, Berlin, 1996
Rhein Zeitung, Koblenz vom 18. 10. 2001, „Zwangsarbeiter ging auf Spurensuche“ und vom 12.06.2007 „Alle Zwangsarbeiter entschädigt“

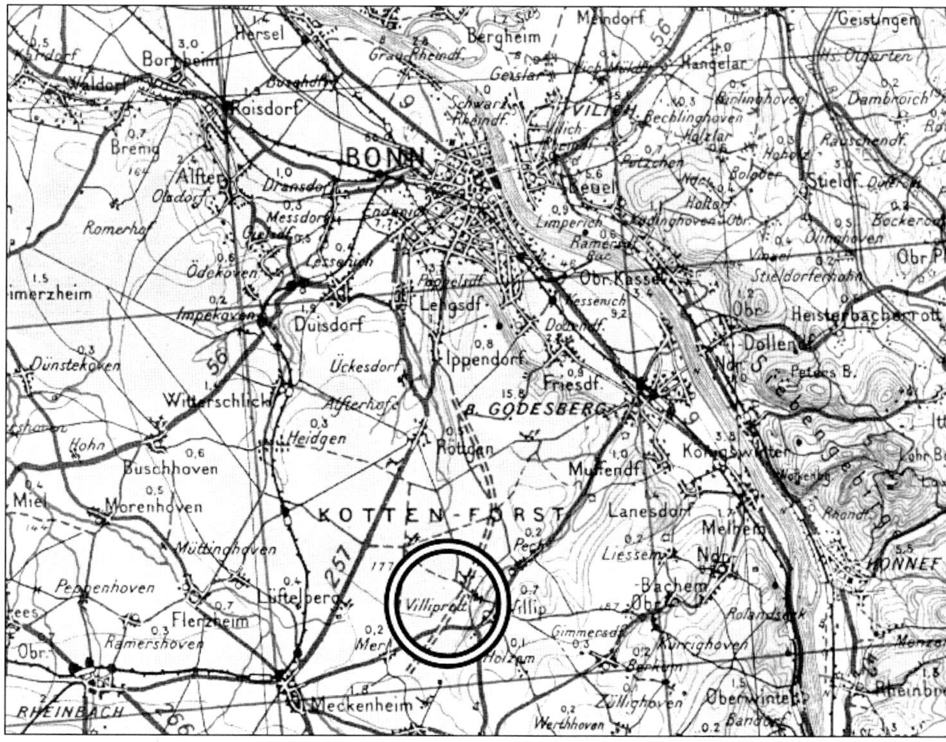

Diese Karte zeigt den geplanten Autobahnbau zwischen Bonn/Verteilerkreis und Ulmen in der Eifel. Im Kreis die Baustelle bei Villiprott.

Das Luftfoto von 1944 zeigt die geschlagene Schneise für die Autobahntrasse südwestlich von Villiprott (am Südrand des Kottenforstes). Quelle: US Air Force

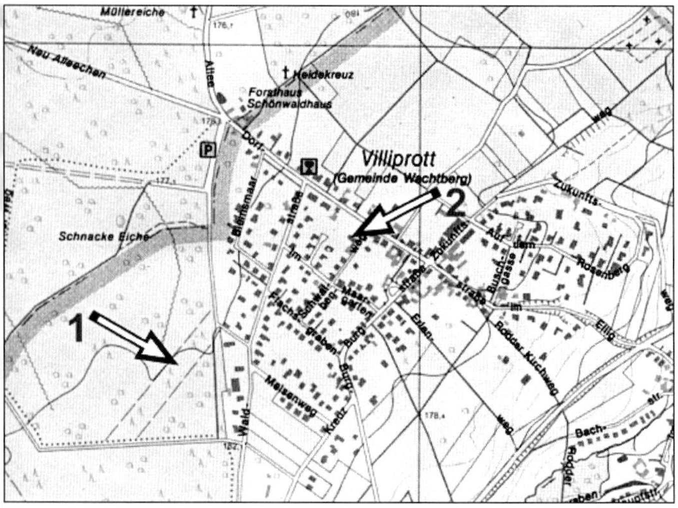

Plan von Villiprott: Pfeil Nr. 1 zeigt die Schneise im Laubwald, die nach dem Krieg mit Fichten aufgeforstet worden ist.

Fotos rechts oben und Mitte: Die ehemalige Autobahntrasse ist durch den Nadelholzbewuchs sehr gut zu erkennen. (Im Plan Nr 1)

Bilder oben und rechts: Das jetzige Landhaus Kremmel war 1941 fertiggestellt und sollte Rasthof für die zukünftige Reichsautobahn von Bonn in die Eifel werden. Der Sieg im Westen und Mangel an Arbeitskräften bzw. Baumaterial hat die Einstellung des Autobahnbaus zur Folge gehabt. (Im Plan Nr. 2)

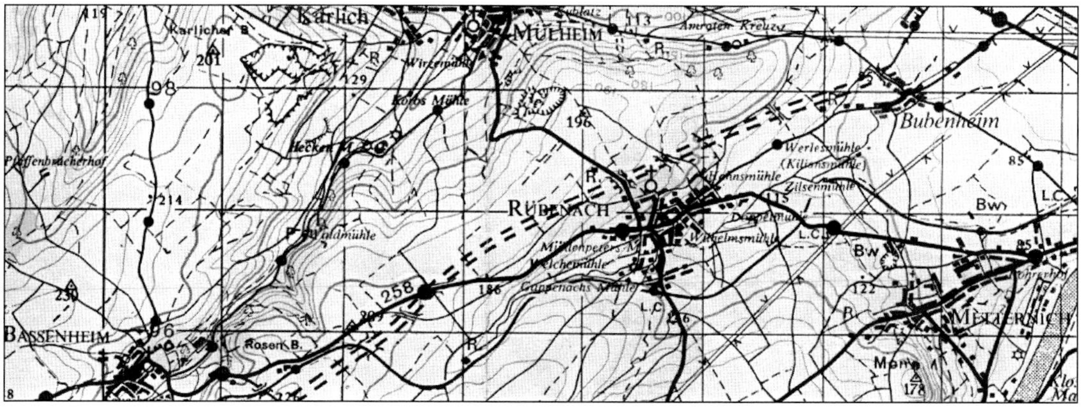

Gestrichelt dargestellt die eingestellte Autobahnbaustelle zwischen Bubenheim und Wolken.

Quelle: US-Karte vom Dezember 1944

kleine Fotos: Die Autobahnüberführung am Nordausgang von Bubenheim (Pfeil/Kreis Nr. 1)

Blick von Nordwesten auf das fertige Brückenbauwerk am Nordeingang von Bubenheim

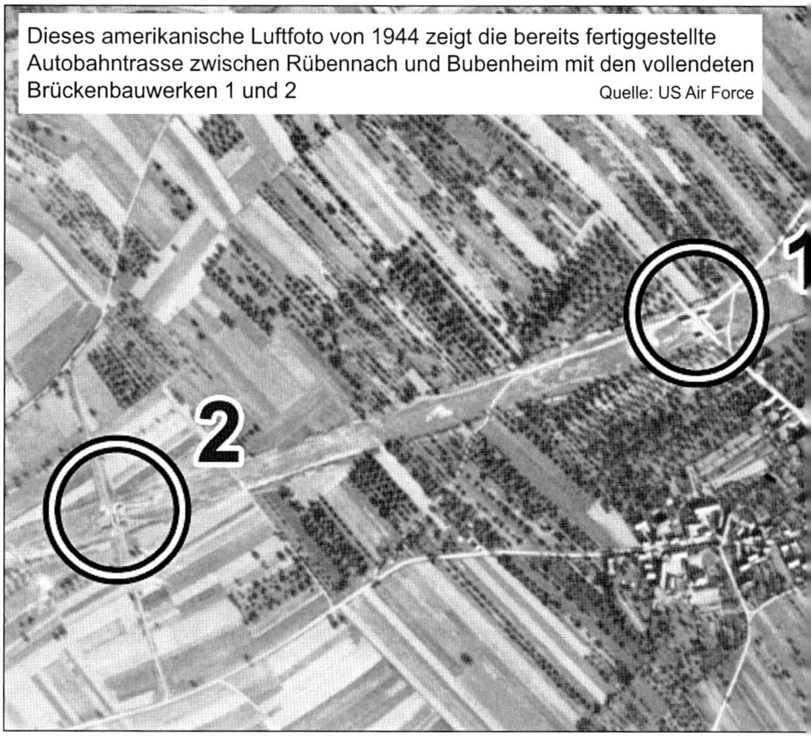

Dieses amerikanische Luftfoto von 1944 zeigt die bereits fertiggestellte Autobahntrasse zwischen Rübennach und Bubenheim mit den vollendeten Brückenbauwerken 1 und 2

Quelle: US Air Force

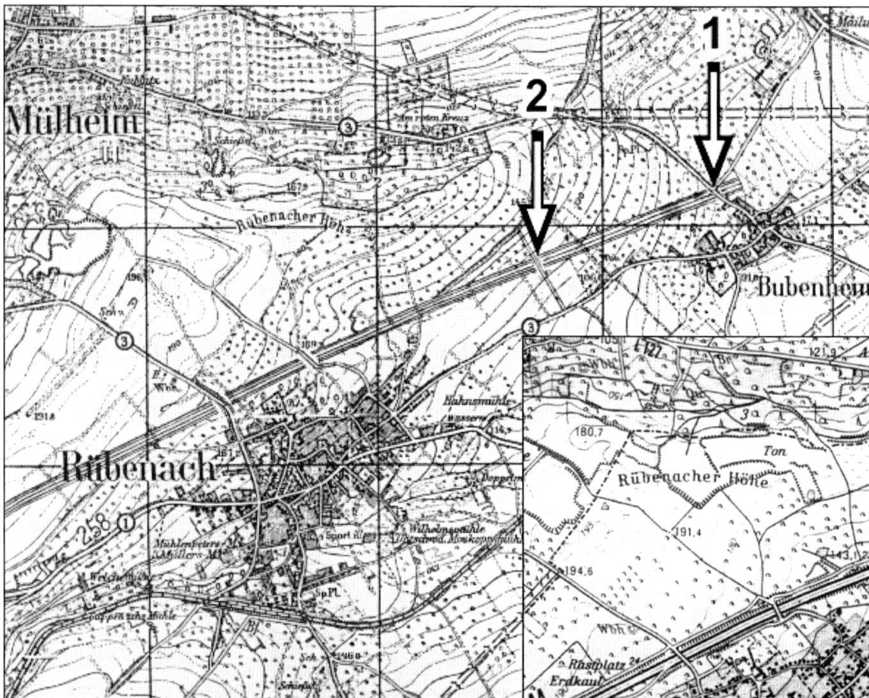

Karte links: US-Karte vom Dezember 1944 mit der eingezeichneten Autobahnbaustelle und den bereits vollendeten Brückenbauwerken nördlich und westlich von Bubenheim

Quelle: US Army

Karte unten: Aktuelle topografische Karte mit der geänderten Linienführung der A48 und den nicht genutzten Brückenbauwerken 1 und 2.

Quelle: LVG

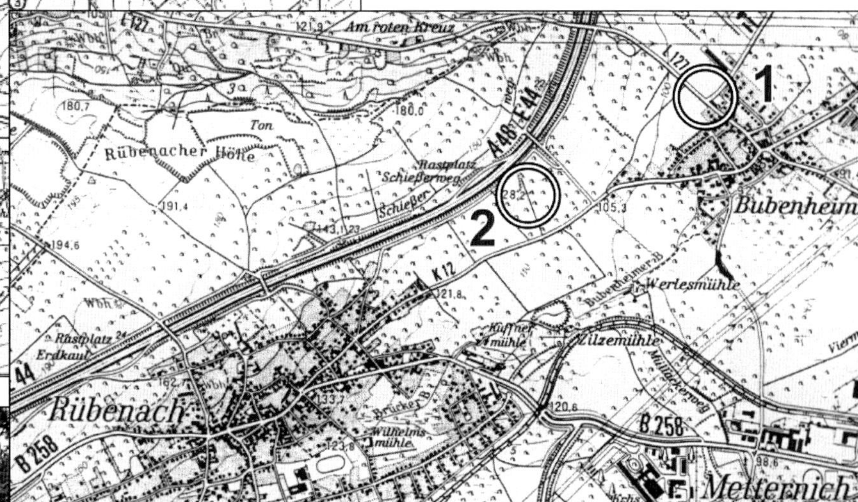

Das Brückenbauwerk Nr. 2 in den Obstplantagen zwischen K12 und A48 bzw. Bubenheim und Rübenach

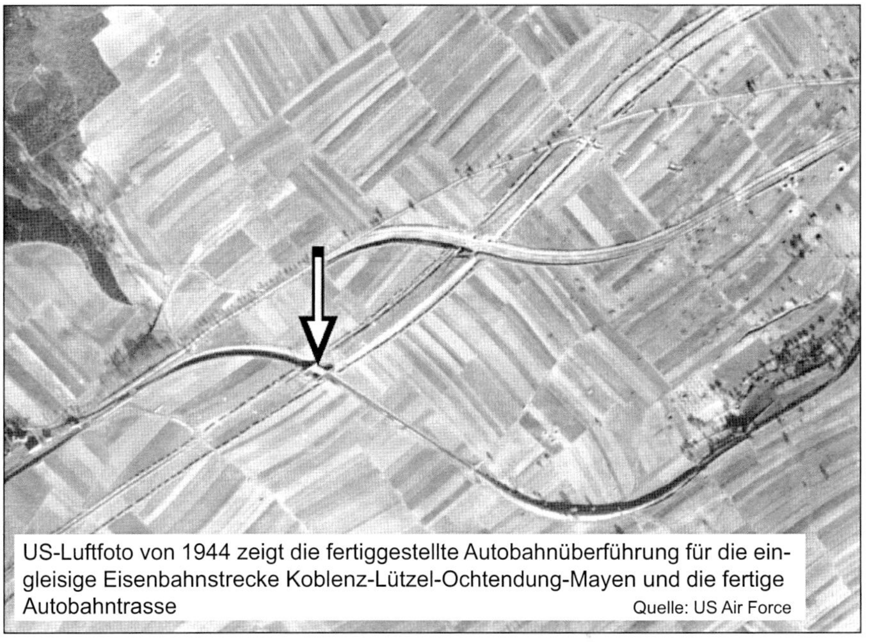

US-Luftfoto von 1944 zeigt die fertiggestellte Autobahnüberführung für die eingleisige Eisenbahnstrecke Koblenz-Lützel-Ochtendung-Mayen und die fertige Autobahntrasse Quelle: US Air Force

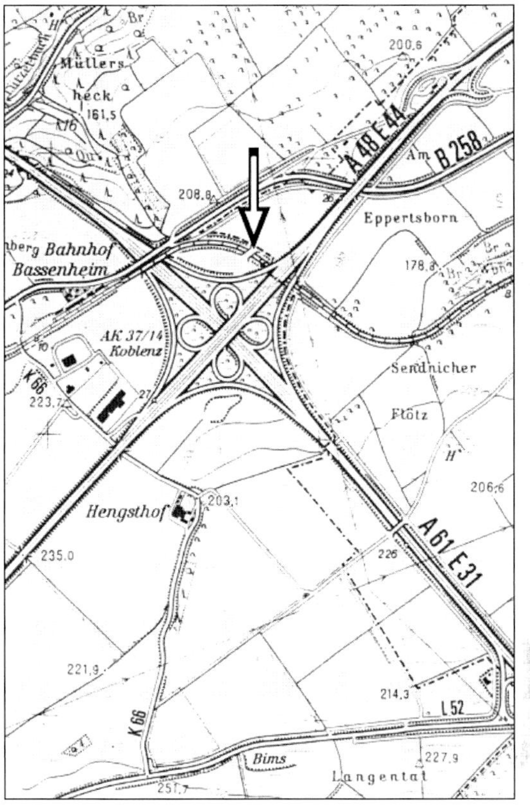

Die aktuelle topografische Karte zeigt die nichtgenutzte Überführung der Eisenbahnlinie am Autobahnkreuz Koblenz.
Quelle: LVG

Sogar das Geländer für die Autobahnbrücke war schon angebracht.

Bild oben:Kilometerstein der mittlerweile stillgelegten Eisenbahnlinie Koblenz-Mayen in der Überführung

Bild links: Durch die nichtgenutzte Autobahnüberführung kann man im Hintergrund die aktuelle Überführung über die Eisenbahnlinie erkennen.

Schwere Fliegerbombe wird im Sommer 2007 entschärft und geräumt

Am 12. Juli 2007 wurde der Kampfmittelräumdienst (KMRD) in Koblenz von einer Baufirma alarmiert, die bei Holzappel im Rhein-Lahn-Kreis bei Bauarbeiten für eine Gasleitung einen schweren Bombenblindgänger freigelegt hatte.

Bei dem Sprengkörper handelte es sich um eine britische HC (High Capacity) 4000 LB Sprengbombe, die dort vor Februar 1945 abgeworfen worden war.

Die HC 4000 wog je nach Typ bis zu 1850 Kilogramm und war mit 1343 bis 1495 kg Amatol-, Minol- oder Torpex-Sprengstoff gefüllt. Bei einer Gesamtlänge von 2,79 Metern und einem Durchmesser von 76 cm hatte die Bombe drei Zünder im Kopfteil. Wegen des hochbrisanten Sprengstoffs nennt man diesen Bombentyp auch Minenbombe.

Bei der Entschärfung und Räumung der Bombe am 13. Juli mussten aus Sicherheitsgründen die Gemeinden im Umkreis von 1800 Metern – Holzappel, Scheidt, Horhausen und Geilnau – bis 18 Uhr evakuiert werden. Um 19 Uhr begannen die Experten des KMRD mit der Entschärfung. Dabei gab es Probleme, weil der eine noch vorhandene Zünder durch den Aufschlag verbogen war. Um 20 Uhr 32 schließlich war der Sprengkörper entschärft und die Bewohner konnten in ihre Häuser zurückkehren. Auch die vorsorglich gesperrte Bundesstraße 417 von Nassau nach Diez und der Schiffsverkehr auf der Lahn wurden wieder freigegeben.

Eine Bombe diesen Typs war zuletzt Pfingsten 1999 an der Universität in Koblenz-Metternich unschädlich gemacht worden. Immerhin räumt der KMRD in Rheinland-Pfalz jährlich 30 bis 40 Tonnen Munition, obwohl der II. Weltkrieg mittlerweile mehr als 62 Jahre zurückliegt. Fachleute schätzen, dass etwa 10% der über Deutschland abgeworfenen Bomben nicht explodiert und für die Nachwelt eine andauernde Gefährdung sind.

Im Nachhinein konnte dieser Blindgänger auf alliierten Luftfotos erkannt werden: Es war ein Einschlag zu erkennen, der einem kleinen Bombentrichter entsprach. Damals hat man in dieser Annahme keine Sondenprüfung gemacht, sodass der Sprengkörper mehr als 62 Jahre lang unerkannt in der Erde liegen blieb.

Quelle: Dietmar Schmid, KMRD Koblenz
Volker Lessmann, Weilerswist

Britischer Lancaster-Bomber beim Abwurf einer HC 4000 und vielen kleineren Bomben als Beiladung.

Foto oben:
Größenvergleich britischer Sprengbomben

- Die HC 12000 mit 5,5 Tonnen Abwurfgewicht, einem Durchmesser von 96,5 cm und einem Flächenleitwerk mit Ring.
- Die HC 4000 mit Zylinderleitwerk 1,85 Tonnen Gewicht und einem Durchmesser von 76 cm.
- Die HC 2000 MK I mit Bremsfallschirm, 2,52 m Länge und einem Durchmesser von 47 cm.
- links unten die MC 1000 (Medium Capacity) und rechts die MC 500, beide ohne Leitwerk. Gewichtsangabe in britschen Pfund = 1 lbs = 1 LB = 453 gr

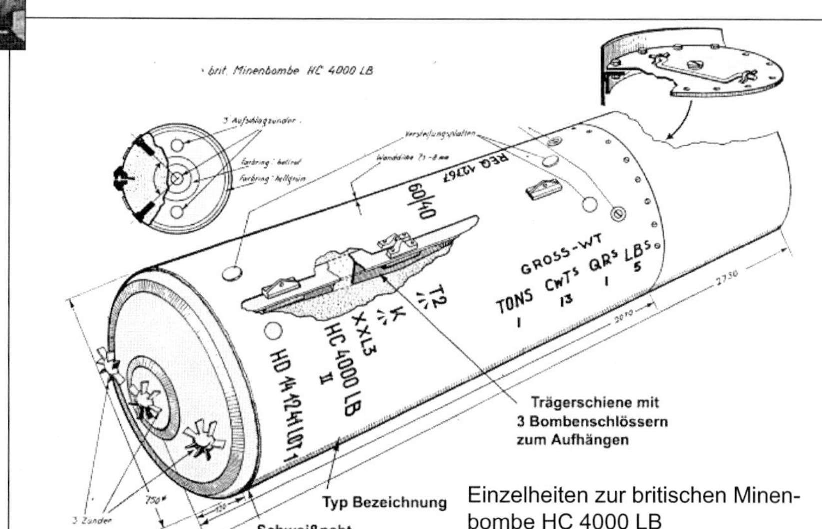

Einzelheiten zur britischen Minenbombe HC 4000 LB

Vorne links der Fundort der HC 4000 auf der freigelegten Trasse für die Verlegung einer Überlandgastransportleitung Alle Fotos: Frank Bender, KMRD Koblenz

Die Grube, in der die HC 4000 gefunden wurde und Experten des Kampfmittelräumdienstes bzw. der Baufirma.

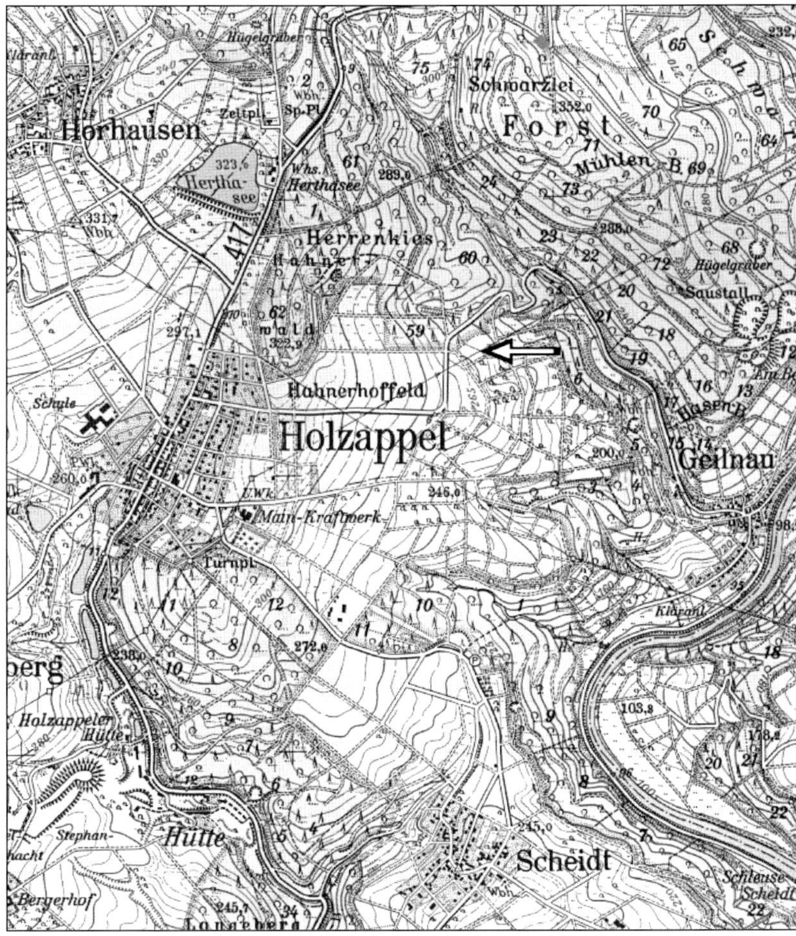

Topografische Karte mit dem Fundort der britischen Mionenbombe HC 4000 genau unterhalb einer Hochspannungsleitung. Quelle: LVG

An der HC 4000 sind die drei Zünderbuchsen zu sehen. Der noch vorhandene Aufschlagzünder No. 42 MK II ist verbogen und bereitet den Feuerwerkern zunächst Probleme

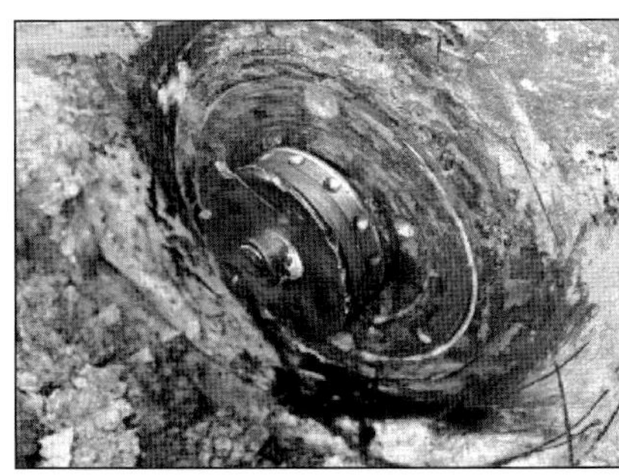

Der verbogene Aufschlagzünder No. 42 MK II

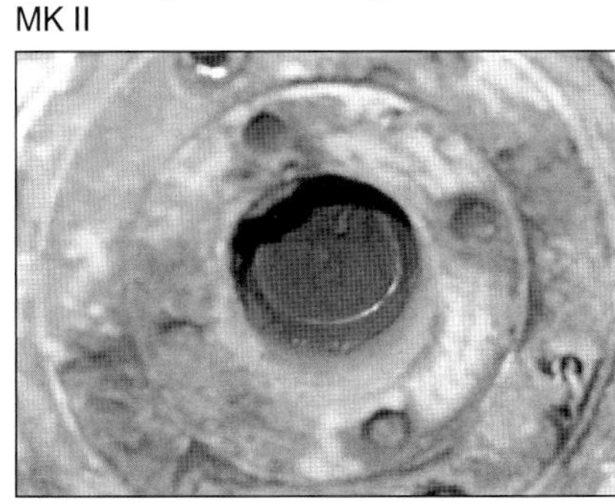

Der Zünder ist entfernt und der Detonator sichtbar

Links: der demontierte, verbogene Zünder, rechts zum Vergleich ein unbeschädigter Aufschlagzünder No. 42 MK II

Die zwei noch in der Bombe vorhanden gewesenen Detonatoren. Der dritte und zwei Aufschlagzünder waren beim Aufschlag weggeschleudert worden.

Nach Entfernung von Zünder und Detonatoren wird der Bombenkörper zum LKW transportiert

Der entschärfte Bombenkörper ist auf einer Palette im LKW verzurrt und kann gefahrlos zur Delaborierung gebracht werden.

Schlussgedanken

Die in dieser Dokumentation vorgestellten Spuren des II. Weltkrieges am Mittelrhein sind sicherlich nur ein Bruchteil des tatsächlich noch vorhandenen. Mir kam es darauf an, Ihr Bewusstsein und Ihren Blick für die Hinterlassenschaft dieses unseligen Krieges zu schärfen, mit dem das nationalsozialistische Deutschland Europa und die ganze Welt überzogen hat.

62 Jahre nach der Kapitulation der deutschen Wehrmacht vor den Alliierten hat es viele Umbrüche und Änderungen in Europa gegeben. Der kalte Krieg fand 1989 sein Ende durch die Vereinigung der Bundesrepublik Deutschland mit der Deutschen Demokratischen Republik. Beide Nachkriegsstaaten sind sehr verschieden mit ihrer Vergangenheit umgegangen. Die Justiz in beiden Systemen hatte Probleme mit der konsequenten Vergangenheitsbewältigung. Mittlerweile kommen die Letzten der Kriegsgeneration an ihr Lebensende.

Die baulichen und militärischen Hinterlassenschaften bleiben noch lange erhalten und erinnern uns an dieses dunkelste Kapitel der jüngeren deutschen Geschichte, sofern sie nicht in der Nachkriegszeit beseitigt worden sind.

Mit dieser Dokumentation – in beiden Teilen – erhebe ich nicht den Anspruch auf Vollständigkeit. Vielmehr stelle ich die Bodendenkmäler und Hinterlassenschaften des II. Weltkrieges am Mittelrhein vor, die ich persönlich in den vergangenen Jahrzehnten kennen gelernt habe.

Deshalb bin ich jedem dankbar, der mir Weiteres zum Thema mitteilen kann, Ergänzungen zum Vorgestellten gibt oder auch Korrekturen zum geschrieben Text geltend machen will.

Meine Erreichbarkeit:

Wolfgang Gückelhorn
Weinbergweg 8
D-53498 Bad Breisig
Tel.: 02633-96620
Fax.: 02633-7554

Dank

Ich bedanke mich herzlich bei den Zeitzeugen, Mitarbeitern von Archiven und staatlichen Einrichtungen sowie meinen Freunden und Bekannten für die Hilfe beim Sammeln bzw. für das Ausleihen von Material für diese Dokumentation und dem Zeigen von Bodendenkmälern oder Einrichtungen, die hier vorgestellt werden. Im einzelnen sind es:

- Claudio Becker, Sinn
- Kurt Degen, Burgbrohl
- Oberstleutnant Thomas Enke, Bundesamt für Wehrtechnik und Beschaffung, Koblenz
- Günter Erken, Gressenich
- Dr. Joachim Fromm, Landesamt für Vermessung und Geobasisinformation, Koblenz
- Christian Gasterstädt, Koblenz
- Bernhard Gelderblom, Unkel
- Norbert Giese, Detern
- Bernhard Gross, CH-Steinen
- Manfred Groß, Meckenheim
- Manfred Herrmann, Heupelzen
- Mario Isack, Hellenhahn
- Hans Joachim Jakubowski, Remagen-Kripp
- Heinz Jirousek, Bad Hönningen
- Barbara Kiesow, Bundesarchiv / Militärarchiv, Freiburg
- Michael Koelges, Stadtarchiv Koblenz
- Bernd Krahe, Berufsfeuerwehr Bonn, Lievelingsweg
- Hans Krischer, Berufsfeuerwehr Koblenz, Schlachthofstraße
- Volker Lessmann, Weilerswist
- Ute Meurer, Landesvermessungsamt Nordrhein-Westfalen, Bonn-Bad Godesberg
- Detlev Paul, Eschweiler
- Dr. Wolfgang Peters, Sinzig-Bad Bodendorf
- Ottmar Prothmann, Stadtarchiv Bonn
- Dietmar Schmid und Frank Bender, Kampfmittelräumdienst, Gruppe Koblenz
- Leo Schmidt, Niedermendig
- Dr. Helmut Schnatz, Koblenz
- Dr. Hans-Helmut Wegner, Direktion Archäologie, Koblenz
- Jakob Weiler, Bad Hönningen
- Oberstleutnant a.D. Jürgen Zapf, Landau

Das Erscheinen des Buches verdanke ich der Mitarbeit von Frau Dr. Elisabeth Holl für das Lektorieren und Herrn Martin Viertel, beide aus Bad Breisig, für die EDV-Unterstützung und nicht zuletzt Herrn Franz König, den ich beim Setzen der Dokumentation unterstützen durfte.

Ortsregister

Wolfgang Gückelhorn

Das Ende am Rhein – Kriegsende zwischen Remagen und Andernach

In dieser Dokumentation wird das Kriegsende zwischen Remagen im Norden und Andernach im Süden dargestellt. Die Lage Deutschlands im 6. Kriegsjahr ist anschaulich beschrieben. Die alliierten Angriffs- und deutschen Verteidigungspläne werden verständlich erklärt. Der schnelle Durchbruch der amerikanischen Panzerdivisionen am Westwall und ihr Versuch, die 15. deutsche Armee in der Eifel einzukesseln, führte sie nach Remagen, Sinzig, Brohl, Andernach und Weißenthurm an den Rhein. "Das Wunder von Remagen" erlaubte es den deutschen Divisionen nach einem fluchtartigen Rückzug den Rhein bei Niederbreisig, Brohl und Andernach noch teilweise zu überqueren. Der erbitterte Kampf um Hönningen und die Einnahme von Rheinbrohl ist in dem vorliegenden Sachbuch ausführlich dokumentiert. Auch der Führerbefehl über die Bildung des Volkssturms konnte in dieser Phase keine Wendung mehr bringen. Militärische und zivile Zeitzeugen berichten von ihren Erlebnissen und Eindrücken. Weiterhin schildern führende führende deutsche Offiziere die letzten Tage ihrer Einheiten oder Verbände und den Weg in die Kriegsgefangenschaft. Bisher in Deutschland nicht veröffentliche Fotos von beiden Seiten der Front und Karten erklären das Geschehen im März 1945.

In einem besonderen Kapitel werden die offiziellen "Wehrmachtsberichte" mit den geheimen Tagebucheintragungen der Wehrmachtsführung ebenso verglichen wie die Chronik der US-Armee mit den Tagebucheintragungen von Joseph Goebbels. Die "Nachrichten für die Truppe" als Mittel alliierter psychologischer Kriegsführung geben ein erstaunlich objektives Bild dieser Kriegsphase wieder.

Erschütternde Bilder zeigen das Schicksal der deutschen Kriegsgefangenen in den "Rheinwiesenlagern" von Remagen-Sinzig-Niederbreisig und Miesenheim-Andernach. Der Mangel an Allem und unbeschreibliche Zustände in diesen Lagern zeichneten die Überlebenden für das ganze Leben.

160 Seiten, gebunden, 189 Abbildungen, 23,5 x 28,5 cm, ISBN 978-3-938208-06-9, **€ 29,70**

Wolfgang Gückelhorn / Detlev Paul

V1 - "Eifelschreck" – Abschüsse, Abstürze, und Einschläge der fliegenden Bombe aus der Eifel und dem Rechtsrheinischen 1944/1945

In dieser Dokumentation wird die Einsatzgeschichte der V 1, die von der deutschen Bevölkerung wegen der hohen eigenen Verluste auch Eifelschreck genannt wurde, dargestellt. Hauptsächlich wird das Wirken der III. Abteilung des Flakregimentes 155 (W) in der Eifel, im Westerwald und im Bergischen Land beleuchtet. Neben der Beschreibung des Waffensystems V 1 und dem Aufbau einer Feuerstellung, wird im Detail beschrieben, was im Herbst und Winter 1944/45 in der Eifel und dem Rechtsrheinischen vor sich ging. Die Folgen der über 5600 Abschüsse für die deutsche Bevölkerung im Einsatzgebiet und die Wirkungen des Waffensystems in den Zielgebieten wird dargestellt. Bisher nicht veröffentlichte Aufklärungsfotos und Berichte der alliierten Luftwaffe bereichern dieses Buch ebenso wie zahlreiche Zeitzeugen, die ihr Erlebtes mit der V 1 berichten. Auch empfehlen die Autoren mehrere Besichtigungstouren, die aufzeigen, wo welche Spuren dieser Vergangenheit heute noch zu sehen sind.

208 Seiten, gebunden mit Schutzumschlag, 232 Fotos, 72 Zeichnungen, 80 Tabellen, 22,5 x 28 cm, ISBN 978-3-933608-94-9 **€ 32,50**

Wolfgang Gückelhorn / Detlev Paul

V2 gefrorene Blitze – Einsatzgeschichte der V2 aus Eifel, Hunsrück und Westerwald 1944/45

In dieser Dokumentation wird - mit Schwerpunkt - die Einsatzgeschichte der Artillerie Abteilung 836 (mot) beschrieben, die für die Bedienung dieses neuen Waffensystems speziell aufgestellt und ausgebildet wurde. Von September 1944 bis März 1945 wurden von dieser Abteilung über 900 Raketen aus den Feuerstellungen bei Rheinbach, Kottenforst, Roßbach, Helferskirchen, Rimlingen, Greimerath, Reinsfeld, Muhl, Wirschweiler, Hillscheid, Gehlert und Kirburg verschossen. Für Jedermann weit sichtbar waren die durch die Raketen am Himmel verursachten Kondensstreifen, die als "gefrorene Blitze" bezeichnet wurden. Neben einer verständlichen technischen Beschreibung der Rakete A4 wird der Aufbau einer Feuerstellung, jede einzelne Einsatzstellung mit den erfolgten Feuertätigkeiten im Detail beschrieben. Zahlreiche Zeitzeugen, ob ehemalige Soldaten der V2-Einheiten, Zivilisten sowie Überlebende der Terrorangriffe äußern sich zu den damaligen Vorgängen und ergänzen die Recherchen der Autoren in den Archiven und nach den Feuerstellungen vor Ort. In weiteren Kapiteln werden die geplanten Einsätze aus Frankreich, die Einsätze aus Burgsteinfurt und aus den Niederlanden, die Wirkungen in den Zielgebieten, die alliierten Gegenmaßnahmen, die technischen Weiterentwicklungen im Dritten Reich und durch die Alliierten nach 1945 beschrieben. Mehrere Besichtigungsvorschläge zu den V2-Feuerstellungen runden die Dokumentation ab.

224 Seiten, fest gebunden mit Schutzumschlag, 398 Fotos/Abbildungen, 64 Zeichnungen, 75 Tabellen, Großformat, 28 x 23 cm, ISBN 978-3-938208-43-4, **€ 34,00**

Wolfgang Gückelhorn

Lager Rebstock

Geheimer Rüstungsbetrieb in Eisenbahntunnels der Eifel für V2-Bodenanlagen

112 Seiten, fest gebunden mit Schutzumschlag, 154 Abbildungen, 29 x 24 cm, *ISBN 978-3-938208-30-7;*

€ 26,80

Wolfgang Gückelhorn

Die Geschichte des Bonner Regierungsbunkers im Ahrtal

Bau - Nutzung - Rückbau 1915-2007

64 Seiten, Hardcover, fest gebunden, 70 Abbildungen, 23 x 16 cm, *ISBN 978-3-938208-45-8;*

€ 9,90

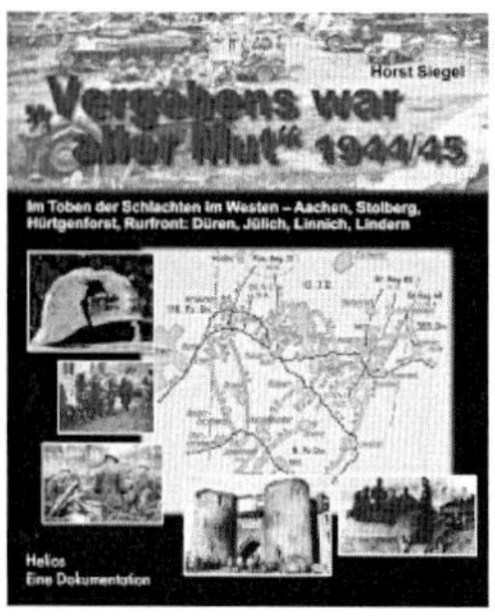

Horst Siegel

„Vergebens war aller Mut" 1944/45

Aachen, Stolberg, Hürtgenforst, Rurfront: Düren, Jülich, Linnich, Lindern

In dieser Dokumentation, die als subjektiv-erfahrungsgeschichtliche Chronik angelegt ist, werden die Abwehroperationen der Wehrmacht im Westen dargelegt. Detailliert werden die Kämpfe auf dem Heimatboden nachgezeichnet. Sie reichen von der Schlacht um Aachen, den extrem verlustreichen Kämpfen im Hürtgenwald (Hürtgenforst), den Gefechten im Stolberg-Korridor, bis hin zu den Panzerduellen an der Rur (Rurfront) zwischen Düren, Jülich, Linnich und Lindern. Deutsche Feldmarschälle, Kommandeure und einfache Soldaten kommen ebenso zu Wort wie ihre alliierten Gegenspieler Eisenhower und Patton. Diverse Karten, Skizzen, viele unveröffentlichte Fotos und Anlagen mit Darstellungen der beteiligten Truppen, ein militärisches Abkürzungsverzeichnis geben dem Text Anschaulichkeit und erleichtern das Verständnis.
Der Autor war Kompanieführer in der 340. Volksgrenadierdivision und in späteren Jahren Militärattaché der Bundeswehr im Iran. Er versteht es außerdem in dieser Publikation, dem Leser die Gründe darzulegen, warum das deutsche Heer trotz der militärischen Ausweglosigkeit im Westen nicht einfach kapitulierte. Eingefügt sind dabei die Erfahrungen mit seiner seltsamen Pferdekompanie und der „reitenden Marineartillerie". Nüchtern zeigt er dem Leser das Selbstverständnis, sowie das Motivationsgefüge und die Motivationzusammenhänge der damals Agierenden auf.

Großformat, 23x28 cm, Hardcover mit Schutzumschlag, fest gebunden, 148 S., 227 Abb, Karten, *ISBN 978-3-938208-28-1;* **€ 29,70**

Michael Schadewitz

Zwischen Ritterkreuz und Galgen

Skorzenys Geheimunternehmen Greif in Hitlers Ardennenoffensive 1944/45

Der Autor zeigt an einigen markanten Dingen der Planung, Vorbereitung und Durchführung der Offensive auf, warum dieser von Hitler selbst befohlenen letzten großen Schlacht im Westen von Anfang an kein Erfolg beschieden sein konnte. Der Verfasser setzt sich eingehend mit dem 'Geheimunternehmen Greif' unter der Führung des SS-Obersturmbannführers Skorzeny auseinander. Dabei wird dokumentarisch genau und unter Zuhilfenahme von vielfach bisher unbekanntem Quellenmaterial zum ersten Male der Schleier des Geheimnisvollen des von Hitler selbst erdachten Unternehmens in seiner Gesamtheit gelüftet, über das in bisherigen Schilderungen nur in Ausschnitten, dabei häufig auch tendenziös und falsch berichtet worden ist. Bei dem Unternehmen Greif sollten deutsche Soldaten, als Amerikaner getarnt und mit Beutefahrzeugen ausgestattet, Brücken über die Maas handstreichartig nehmen und für die nachfolgenden Panzerdivisionen der 6. Panzerarmee offen halten.

220 Seiten, fest gebunden, 252 Fotos, Abbildungen, Karten, 23 x 28 cm, *ISBN 978-3-938208-48-9;* **€ 34,00**

Wingolf Scherer

Vergeblicher Widerstand

Das Ende der Heeresgruppe B zwischen Rhein, Ruhr und Sieg

Tod des Feldmarschalls Walter Model März/April 1945

Dieses Buch beschreibt Kampf und Untergang der Heeresgruppe B im sog. Ruhrkessel im März/April 1945 und den Freitod des Oberbefehlshabers, des Generalfeldmarschalls Walter Model.
Es geht dabei nicht um eine flächendeckende Darstellung aller Vorgänge, sondern vielmehr um die Herausarbeitung der wesentlichen Verläufe: Einkesselung durch zwei amerikanische Armeen, Verkleinerung und Spaltung des Kessels, Erlöschen des vergeblichen Widerstandes in den beiden Teilen im Osten und Westen. Dieses dramatische Ende wird exemplarisch veranschaulicht durch Erinnerungen an Erlebnisse und Erfahrungen von Soldaten beider Seiten und von Zivilisten, darunter natürlich auch von Frauen und Kindern, die als Augenzeugen in das Geschehen handelnd oder/und leidend einbezogen waren.

236 Seiten, Hardcover mit Schutzumschlag, 158, Abb, 10 Karten, 17x23,5 cm, *ISBN 978-3-938208-50-3;* **€ 24,90**

Helios Verlags- und Buchvertriebsgesellschaft
Postfach 39 01 12, 52039 Aachen • Telefon: 0241 55 54 26 - Fax: 0241-55 84 93
eMail: Helios-Verlag@t-online.de • www.helios-verlag.de